The Book of Nature Myths

為什麼燕子的尾巴會分岔？

問印地安人就知道?!

神話故事告訴我們的54堂另類自然課

Florence Holbrook
佛羅倫薩・侯布魯／著

曹璣璘／譯

目錄

動物的另類自然課

目錄

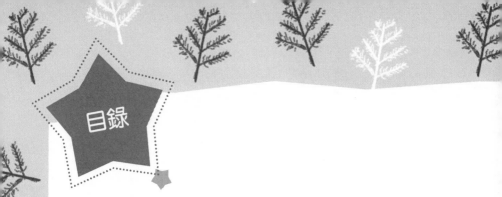

植物的另類自然課

目錄

大地的另類自然課

動物的另類自然課

01 第一隻蜂鳥的故事

（一）大火山

很久很久以前，那時的地球還很年輕，有兩個獵人為了追尋野鹿而穿越森林，他們兩個已經找了許多天了，現在他們已經遠離了村莊。太陽下山，夜色降臨。天又黑暗又陰沉，但西方的天空中出現了一道明亮的光。

「那是月亮！」一個獵人說。

「不對，」另一個說，「在很多很多個黑夜，我們都會看見又圓又大的月亮升上樹梢，那種光不像月亮。嗯……會不會是極光呢？」

「不，極光不是這樣的，這個也不像掃帚星。那麼，到底是什麼呢？」

這也難怪獵人會害怕，火焰在天空飄動，好像帳篷著了火似的。濃厚的藍色煙霧飄浮在火焰的上面，隱藏了閃亮的星星。

「火焰和煙霧是從偉大神靈的棚屋來的嗎？」一個獵人問。

「恐怕是因為他生了孩子們的氣，火焰就是他的火熱戰棍。」另一個獵人低聲地說。兩人都無法闔眼入睡。整整一夜，他們邊看邊想，懷著恐懼等到天亮。

一早起來，兩個獵人依然遙望天空。漸漸地，他們看到了在西方有一座高山，光就在高山上，上面飄著深藍的濃煙。「來吧，」其中一個獵人說，「我們去看看

那究竟是什麼。」

他們不停地走，直到來到那座山的旁邊，就在岩石的接縫處看到了火光。「這是一座有火的山，」其中一個獵人小聲說，「我們去不去？」「我們去！」另一個說。他們上山，越走越高，最後，他們站在山峰上。「現在我們知道這個秘密了，」他們大聲喊叫，「我們的村人聽到這個消息，一定會很高興。」

他們儘快地回家，穿過森林回到村莊。「我們發現了奇蹟，」他們叫喊，「我們找到了火靈的家。我們知道他在那裡收藏火焰，幫助偉大的神靈和他的孩子們，是一座有火的山。白天和黑夜，藍色的煙霧上升到比火還高的地方，他的心臟是一個火熱的海洋，紅色的火焰在海面上飛躍和舞蹈。跟著我們去奇妙的火山！」

村人在冬天的夜晚很冷，於是他們大聲喊說：「喔！兄弟啊！你的話沒錯。我們要搬家，搬到神奇之山的腳下。我們可以從那神奇的火焰，點燃

我們帳篷裡的火，在冬天漫長的寒夜，也不害怕會凍死。」

因此，村人搬去住在火山腳下，當寒夜來了，他們說：「我們不冷，火靈是我們的好朋友，他使人類免於滅亡。」

（二）嬉鬧的火焰

村人在大火山腳下住了好幾個月。夏天的一個晚上，孩子們看到了光，一個孩子問：「爸爸，那裡為什麼有光？」父親說，「那是偉大的火靈之家，火靈是我們的朋友。」小村莊所有的人，都已經躺在床上，安睡到天亮。

但是有一天晚上，當村人都睡著了，山上的火焰來了一個大嬉鬧。他們在火海裡跳舞，就像戰士跳的戰舞一樣。他們舉起巨大的岩石，向天空拋擲。在他們上面的煙，把星星藏起來，連山也害怕得發抖。跳舞的火焰仍然越跳越高。最後，他們一躍，跳到山的頂峰，下來時變成一條紅火的河流。然後，溫柔的火靈叫：「回來！我的火焰，回來！村人不知道你是在嬉戲玩

耍，他們會害怕的。」

火焰不聽他的話，火河不停的流，直接流下山去了。它所經過的路途，花朵喪生了。它跳上大樹，又把樹枝帶到地上。他把鳥兒趕出窩巢，鳥兒振振翅膀，卻飛不出去，因為四周濃煙滾滾。火靈殺滅了躲在森林、灌木叢中的野生動物，這些動物也都在恐懼中逃竄。

最後，村裡的一個勇士睡醒了，他的鼻孔噴出濃煙；耳朵塞滿了火焰中掙扎的人們的哭喊聲。他立刻向棚屋門口衝了出去，看到熱火的河傾流下山。「村人啊！村人啊！」他喊道：「火焰到我們身上了！」在恐懼的叫喊聲中，村人遠遠逃離到森林裡，而火焰則飽餐他們所愛的家園。

兩個獵人到山上去看，回來時，他們傷心地說：「山上已經沒有花了，我們聽不到鳥唱歌，也看不到活著的動物了。所看到的只是一片黑暗和陰沉。我們知道火還在那裡，藍色的煙霧仍漂浮在天空，但是山再也不是我們的朋友。」

（三）火焰鳥

當偉大的神靈看到火焰的所作所為，他非常氣憤。「這山的火焰必須被消滅，」他說，「再也不會有紅色的火焰照亮夜空。」

偉大的神靈憤怒時說的話，連山也害怕得發抖。「火光之父的大神靈，」火靈喊道，「我知道火焰殘酷，他們扼殺了美麗的花朵，把你的孩子從家園趕走，但是有好幾個月，他們聽從我的話，善良，又溫和。他們為村莊的棚屋，驅除了冬天的霜凍和酷寒。幼小的孩子們都笑著看在天

空中的紅光，如果火焰從地上消失，全天下的人心裡都會難過的。」

偉大的神靈聽著溫柔的火靈說話，他卻回答說：「火災必須消滅。那些火焰一直對我的人民殘忍，小孩子們會怕他們，但是因為孩子們曾經愛他們，美麗顏色的火焰仍然可以活著，好讓觀看火焰的人，心裡快樂。」

偉大的神靈用他的神力戰棍擊打了大山，上面的煙霧消失，火逐漸變冷，終於消逝了。在黑暗陰沉中，只有一個小火焰，它的心仍然在顫抖。它看起來像一顆明星。多麼美麗！

偉大的神靈對小火苗看顧一眼，他覺得它美麗又溫柔，他很喜歡。「大山的火焰必須滅亡，」他說，「但你小小溫柔的火焰，會有翅膀飛，飛離殘酷的火災，我這樣做，我的孩子們一定會喜歡你。小東西在陽光下迅速的飛奔而去，飛得比山還高。火焰的光仍然在它的頭上，奇妙的色彩在它的翅膀上。」

因此，從火山的心臟竄出了第一隻蜂鳥。它是火焰之鳥，它有火焰中

所有美麗的顏色，但它是溫柔的，全世界每一個孩子都愛它，很喜歡看著它在花叢中飛舞。

02 第一隻蝴蝶的故事

偉大的神靈想，「不久以後，我要創造人類，但首先我要為他們建造一個家。它應該是非常光明和美麗的。必須要有高山、草原和森林，周圍還要有藍色的海水。」

偉大的神靈想什麼，他就做什麼。他給大地綠色柔軟的斗篷；他給大草原造了美麗的鮮花；用許多顏色鮮豔的鳥兒點綴了森林，使它更加明亮動人；大海則是美妙的海中生物的家。「我的孩子一定會喜歡草原、森林和海洋，」他想，「但是山看起來又黑暗又寒冷。對我來說，他們都是可愛的，我該怎樣讓我的孩子到他們那裡去，去學習愛他們呢？」

偉大的神靈長時間思量著山。最後，他造了許多閃亮的小石子。有紅的，有藍的，也有是綠的，也有些是黃的，還有一些閃耀著可愛的顏色，像美麗的彩虹。「我的孩子們一定會喜歡美麗的東西，」他想，「如果我把亮晶晶的寶石隱藏在山上岩石的接縫處，人類就會找到寶石，他們會學習愛我的山。」

當石子被創造出來了，偉大的神靈看著美麗的寶石，他說，「我不會把你藏在岩石中的接縫處。你們之中有些會在陽光下閃耀，這樣一來，不能去山裡的孩子們也能看到你的顏色。」然後南風來了，走的時候，他輕聲歌唱，歌聲中敘述森林裡嵌著光照和陰影所成的斑斑點點；鳥兒和棲息的巢穴在茂密的樹木上；他唱著在漫長的夏日裡，水波拍在岸邊所響起的音樂。月亮和星光，所有夜景的奇觀、所有清晨的美麗，都在他的歌聲裡。

偉大的神靈說：「親愛的南風，這裡有一些美好的東西讓你帶走，帶到你夏天的家。你一定會喜歡他們，所有的孩子們也一定會喜歡他們。」偉大的神靈一說了這些話，在他之前的所有石頭都紛紛開始活動起來，許多彩色的翅膀把自己抬高起飛了。他們在陽光下紛紛散開，南風唱著歌，把他們送走。

所以第一隻蝴蝶，是從偉大神靈的一個美麗思想產生的，它們的翅膀有閃亮的寶石光彩，而他不想把它們藏起來。

03 第一隻啄木鳥的故事

很久以前，偉大的神靈從天上降臨，與人交談。有一次，他來到地上，到一個女人的棚屋。他走進棚屋，在火堆的旁邊坐了下來，但神靈看上去就像一個老人，而女人不知道他是誰。

「我很多天沒有吃東西了，」偉大的神靈對女人說。「你能給我一點吃的嗎？」那個女人做了一個很小的糕餅，並把它放在火上。

「你可以嚐嚐這個餅，」她說，「如果你願意等待它烤好的話。」

「我願意等待。」他說。

當糕餅出爐，女人站起來，看著餅，她想：「這是個非常大的餅，

我還以為是小的，我不會給他一個這麼大的餅的。」於是，她把它放在一邊，又做了一個小的。「如果你願意等待，當它烤好了，我就會將這個餅給你。」她說。偉大的神靈說：「我會等待。」

第二個餅又烤好了，比第一個還大。她想，「這麼大，我會把它留在盛宴時用。」於是，她向客人說：「我不會給你這個糕餅，但如果你願意等著，我會再給你另外一個。」

「我會等待的。」偉大的神靈說。

那女人又做了一個餅。起先她做得比剛才做的都小，但是當她從爐子裡拿出來，卻發現這是最大的一個。她不知道是大神靈的神力，使做出來的餅，一個比一個還大，她想：「這是一個奇蹟，但我不會放棄最大的餅。」所以她對客人說：「我這邊沒有適合你的食物。到森林裡去，在那裡尋找食物吧。你可以從樹皮找到食物，只要你願意。」

偉大的神靈聽到女人這句話，勃然大怒。他起身，把他的斗篷衣角向後一抛。「女人一定要善良且溫柔，」他說，「你卻是殘酷的。你不再是一個住在帳篷的女人。你應走出到森林裡去，從樹皮獵取食物。」

偉大的神靈在地上跺了一下腳，女人就越變越小。翅膀和羽毛開始從她的身上生長出來。隨著大聲一叫，她從地上升起，飛入森林成了一隻啄木鳥。

到現在，所有的啄木鳥生活在森林裡，並從樹皮尋找他們的食物。

04 為什麼啄木鳥的頭是紅色的

有一天，啄木鳥對偉大的神靈說：「人類不喜歡我，我希望他們能夠喜歡我。」

偉大的神靈說：「如果你希望人類愛你，你一定要善待他們、幫助他們，這樣，他們才會把你當做朋友。」

「一隻小鳥怎麼能幫助人呢？」啄木鳥問。

「如果你發願希望能夠幫上忙，總有一天，該你幫助的時機就會到來。」偉大的神靈說。這一天終於來到，這個故事將說明一隻小鳥是如何幫助一位堅強的戰士。

曾經有一個殘酷的巫師，住在黑海湖旁一個陰暗的帳篷裡。他不喜歡花，他周圍的小徑上沒有花開。他不喜歡鳥，他的頭上、樹上也沒有鳥唱歌。他鼻孔呼出的氣息，使所有生命致死。巫師向北、南、東、西，吹出了致命的熱氣，造成老弱婦孺的死亡。

勇敢的戰士想，「我能幫助他們嗎？」他便說，「我會找到巫師，看看死亡會不會來找他，就像他使死亡找到其他人一樣，我會立刻趕到他的家。」

勇敢的戰士花費了許多天的時間，划獨木舟穿越黑海湖。終於，他看到了殘忍巫師的陰暗帳篷。他在門口，射了一箭在門上，並大叫，「出來吧，懦夫！你用你的致命的氣息，殺害了婦女和兒童，但你殺不死一位勇敢的戰士。如果你不害怕，就出來決鬥吧！」

殘酷的巫師長聲大笑起來。「我發一口熱氣，」他說，「你就會倒下的。」戰士於是再射一支箭，巫師很生氣。他沒有笑，但他從他黑暗的棚屋衝了出來，吹出了所有的炙熱氣息。

然後就是一場太陽所目睹的最猛烈的打鬥。勇敢的戰士發射了他燧石尖箭頭的箭，但巫師披著魔法斗篷，箭頭傷不了他。他用力從他的鼻孔呼出致命的熱氣，但戰士的心臟堅強得很，熱氣殺不死他。

最後，勇敢的戰士只剩三支箭在他箭袋裡。「我該怎麼辦？」他憂心地說。「我的箭都不錯，我也瞄得很準，但沒有箭頭能夠穿過魔法斗篷。」

「來吧！來吧！」巫師叫囂。「是你要求打的，來吧！來吧！」這時，在勇敢戰士上面樹枝上的啄木鳥輕聲地說：「箭頭瞄準他的頭上，噢！戰士！不要射他的心臟，要射他頭上的羽毛冠。那裡可能會使他受傷，不會是他的心臟。」

戰士不是驕傲的人，他聽了小鳥的勸告。巫師彎腰拾起石頭，箭頭從勇士的弓飛出。嗡嗡黃蜂飛過一樣。箭頭飛近了羽毛冠，巫師恐懼得發抖。他還沒來得及跑，另一支箭頭又來了，而這一次擊中了他的冠毛。他的心都涼了，恐懼地說：「死亡襲擊了我。」他哭了。

「你殘酷的生命已經結束了。」戰士說。「人們不再擔心你致命的氣息了。」然後，他對啄木鳥說：「小鳥兒，你對我這麼好，是一個很好的朋友，我會盡我所能的幫助你。」他把巫師的紅血，抹在小動物的頭上。啄木鳥的羽毛於是有著紅如火焰的羽冠。「當有人看到你，」戰士說，「他們會說，他是我們的朋友。他幫助戰士消滅了殘酷的巫師。」

小啄木鳥的紅羽冠，代表著他是人類的朋友，到現在他的孩子們也和他一樣的引以為榮。

05 為什麼貓落下時總是腳先著地

有些巫師是殘酷的，不過也有些善良的巫師對動物是善加照顧和無比疼愛的。有天一個善良的巫師在一片大樹林裡走動。太陽高高地升到天上，他便躺在樹底下，有柔軟、綠色的苔蘚在他的四周；陽光照耀通過樹葉的縫隙流下，在地上形成光和影的斑點；他聽著鳥的歌唱和黃蜂緩緩的嗡嗡聲；風聲颯颯在綠葉與樹枝間徘徊；他閉上了眼睛，森林中的音樂哄他入睡。

巫師熟睡的時候，一條大蛇從灌木叢中悄悄地爬出來。它高高地舉起了它閃亮的頸脊，看到那個巫師在樹腳下。「我要殺他！」蛇發出嘶嘶聲。「昨晚，要不是他叫了：『小心，小貓咪，小心！』我就可以把貓吃了，我要殺了他，我要殺他！」

致命的毒蛇越爬越近，巫師的睡眠受到了驚擾，「小心，小貓咪，小心！」他小聲地說。蛇縮了回去，但巫師的眼睛是閉著的，大毒蛇湊上前去，發出嘶嘶聲準備攻擊。沉睡的巫師沒有動靜。毒蛇爬到在他上面——在它頭頂上方不遠的樹枝上，小貓咪一直躲在那裡，它看著蛇從灌木叢中出來的。

小貓看到蛇趨近熟睡的巫師，聽到了蛇發出挑戰的嘶聲，小貓又憤怒又恐懼得身體顫抖不停，因為它這麼小，而蛇卻這麼大。它想：「巫師對我這麼好。」它不顧一切，

奮勇地跳下到蛇的身上。

哦，蛇多麼生氣！它發出嘶嘶聲，並從它的眼睛發出火焰的光。它瘋狂地攻擊勇敢的小貓，但現在，貓並沒有恐懼。一次又一次，它跳上蛇的頭，經歷一場激烈的戰鬥，結果，一具死屍躺在了睡覺的巫師旁邊。

當巫師醒來的時候，小貓躺在地上，蛇屍就在離它不遠的地方，他立刻就明白貓做了什麼事。他說：「小貓，我能做些什麼，來表明尊重你勇敢的戰鬥呢？你耳聰目明，反應敏捷，你跑得快。我知道我還能為你做什麼，世界上的人應該知道你是人類的朋友，在人類的家裡，始終有你的家。還有一件事，小貓咪：你從高樹跳下，殺死致命的蛇，現在只要你活著，不管你在哪裡跳下，永遠會是你的腳先著地。」

06 為什麼燕子的尾巴會分岔

從這個故事，你會明白燕子的尾巴，為什麼是分岔的。

有一天，偉大的神靈通知所有的動物，到他的棚屋來。能飛的動物先到：知更鳥、藍鳥、貓頭鷹、蝴蝶、黃蜂和螢火蟲。在他們的身後來了雞，飛舞著翅膀，努力跟上。然後來了鹿、松鼠、陰險的人類、貓和兔子。最後是熊、海狸和刺猬。大地每一個生靈都儘快地趕來了，因為他們都希望聽到偉大的神靈所說的話。

偉大的神靈說：「我召集你們來聚會，因為我常聽到你們的抱怨和畏懼，你們有意見，就說吧！你們希望我怎樣的幫助你們呢？」

「我不喜歡花費這麼長的時間才能找到食物。」熊說。

「我不喜歡築巢。」知更鳥說。

「我不喜歡生活在水中。」海狸說。

「我不喜歡住在樹上。」松鼠說。

最後是人，直立在偉大神靈之前，說：「啊，偉大的父親，蛇吃我的血，你難道不給他別的食物嗎？」

「為什麼？」偉大的神靈問。

「因為我是你所造的第一個生靈。」人自豪地回答。

在棚屋的每一個動物聽到人的話都很生氣。松鼠格格作響，馬蜂發出嗡嗡聲，貓頭鷹喝倒采，蛇更是發出嘶嘶聲。

「噓，安靜！」偉大的神靈說：「你是人啊，是我的第一個生靈，但我是所有的受造物的父親。每個生靈都有自己的權利，蛇也必須有他的食物。蚊子，你是一個偉大的旅行家。現在，飛吧，去找看看什麼動物的血是最適合給蛇的。過了一年零一天，你們都要回到這裡來。」

動物們又都回到了自己的家園。有的在河邊，有的在森林，有的在草原，都等待著下一次在偉大神靈的棚屋聚會的那一天。

蚊子在世界各地旅行，刺痛每一個遇到的生靈，尋找給蛇最好的血液。在他回到偉大神靈棚屋的途中，抬頭仰望天空，正好一隻小燕子飛過。

「你好，小燕子！」蚊子叫道。

「很高興見到你，我的朋友，」燕子呼叫地說，「你也要去屬於偉大神靈的地方嗎？你找到什麼是給蛇最好的血液了嗎？」

「人的血。」蚊子回答說。

蚊子不喜歡人，但燕子一直是人類的朋友，他心裡想：「我可以做什麼才能幫助人類呢？哦，我知道我能做些什麼了，」於是他問蚊子，「誰的血，你說？」

蚊子說：「人的血，是最好的。」

「這才不是最好的。」燕子說，同時他撕破了蚊子的舌頭。

蚊子嗡嗡作響，怒氣沖沖地迅速飛到偉大神靈那裡。

「所有的動物都到齊了，」偉大的神靈說，「他們都等著聽誰的血是給蛇最好的。」

蚊子想回答，「人的血，」但它說不出一句話，除了發出「喀噝噝——喀噝噝噝！」的聲音。

「你說什麼？」

「喀噝噝噝——喀噝噝噝——喀噝噝噝！」蚊子氣憤地嗡嗡作響。

所有的動物都希望他說清楚，這個時候，燕子說：

「偉大的父親，蚊子膽小，不能回答你。我們來到之前，我遇見他，他告訴我是誰的血了。」

「那麼你就告訴我們吧！」偉大的神靈說。

「青蛙的血。」燕子迅速地回答，「難道不是這樣嗎，蚊子弟兄？」

「喀噝噝噝—喀噝噝噝—喀噝噝噝噝！」憤怒的蚊子發出噓聲。

「就讓蛇吃青蛙的血，」偉大的神靈說，「人不再是蛇的食物。」

蛇對燕子感到很生氣，因為他不喜歡青蛙的血。當燕子飛過蛇的頭頂，蛇就抓住了燕子的尾巴，撕破了一小塊。所以燕子的尾巴從此分岔，而人類也一直視燕子為他忠實的朋友。

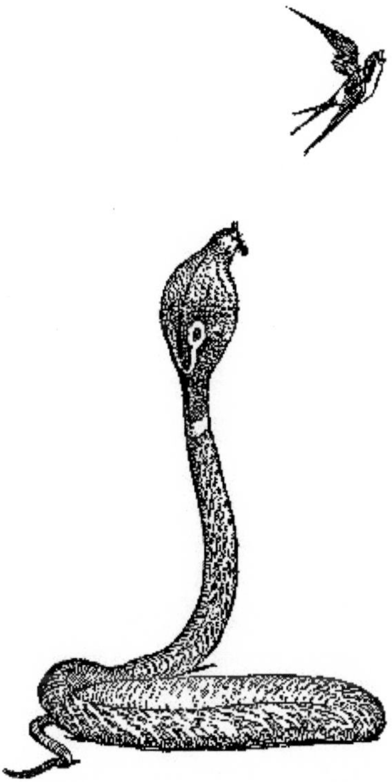

07 為什麼白色野兔的耳朵黑黑的

在森林裡，有一個俊美的神靈。所有的野獸和所有的飛禽都喜歡親近他，他也喜歡動物們的溫馴和善良。一天早上，他看到了他的小白兔們在彼此爭吵，每個都想搶到最好的食物。

「哦，我自私的小野兔，」他傷心地說，「你們為什麼為了想搶奪最好的東西而爭吵呢？你們為什麼不能相愛相讓呢？」

「請講一個故事給我們聽，我們會乖乖的。」野兔央求著說。

森林的神靈很高興。「那麼我就說，你們是怎樣第一次來到綠色大地，與其他動物生活在一起的故事，」他說，「為什麼你們是白的而其他兔

子不是。」

小野兔靠近森林的神靈，靜靜地坐著，聽他說故事。

和善的神靈開始說：「一個飄雪的日子，在繁星的上面，天上的孩子們在一起。他們拿雪花彼此扔來扔去，有的雪花從天上掉下來。迅速地從星星和樹枝和樹葉的間隙掉下，結果，他們都落在了綠色的大地之上。這些雪花是第一次落到世上的，沒有人知道那是什麼。燕子問道：『那是什麼？』蝴蝶回答說：『我不知道。』天上的神靈聽到了，答說：『我們把它叫做雪花。』『我從來沒有聽說過雪花。那是飛禽或野獸嗎？』蝴蝶問。

「天空的神靈回答說：『是雪花，是有生命的雪花。你們要密切注意它。』

「燕子和蝴蝶再仔細觀察。每朵雪花有兩隻明亮的眼睛，兩個長長的耳朵，軟綿綿的腳，那是曾見過的最白、最柔軟的小野兔。」

「我們是白色的小野兔嗎？」小聽眾問。

「你就是白色的小野兔，」神靈回答說，「如果你溫柔，又乖，那麼你永遠是白色的。」

只是野兔不溫柔也不乖，他們性情急躁，不久之後，他們又吵嘴和打架。和善的神靈很生氣。「我必須拿一枝火棍來打他們，」他說，「因為他們必須要學好。」

因此，野兔挨打了，直到他們的耳朵變成烏漆麻黑的。他們的身體仍是白色的，但如果神靈聽見他們再次吵嘴或打架，有可能我們又會看到他們的身體，被打得像耳朵一樣黑了。

08 為什麼鸛鳥不會築巢

很久很久以前，所有的鳥兒聚在一起談論築巢。

「人類都有帳篷，」知更鳥說，「每隻鳥也需要有一個家。」

「人有沒有羽毛，」貓頭鷹說，「如果沒有棚屋，他們會冷，我們有羽毛。」

「我以快速飛行來保暖。」燕子說。

「我用振動翅膀來保暖。」蜂鳥說。

「不久我們會有我們的小傢伙。」知更鳥說，「他們翅膀上沒有羽毛，所以不能飛，也不能拍翅振翼，他們會冷。如果我們沒有巢，我們要怎樣幫我們的小傢伙禦寒呢？」

於是，所有的鳥都說：「我們要築巢，好為我們的小傢伙保暖。」

鳥兒都去工作了。鳥兒們帶了枯枝、青苔和葉子來。他們一起歡快地歌唱，因為不久，小傢伙們就會有溫暖的巢可以住。

現在懶惰的喜鵲，仍然靜靜地坐著，看著別的鳥工作。

「來，在蘆葦和蒲草中，建造你的窩巢吧！」一隻鳥叫著，但喜鵲卻回答說：「不要。」

「我的巢是在樹枝上，能像搖籃一樣的搖，」另一隻鳥說，「來，在我們的旁邊築一個巢吧！」但是喜鵲說：「不要。」

不久，所有的鳥都築好了巢，只有喜鵲沒有巢。喜鵲哭了，「我不知道怎樣築巢。你們不幫我嗎？」

其他的鳥為她難過，他們回答說，「我們教你。」黑色的鳥說：「把這個枯枝放在樹枝上。」知更鳥說：「把葉子放在小樹枝之間。」蜂鳥說：

「用這個柔和的綠色苔蘚蓋在上面。」

「我不會。」喜鵲叫道。

「我們教你。」其他鳥說。但喜鵲是懶惰的，她想，「如果我不好好學習，他們還是會築一個窩給我。」

其他鳥聚在一起討論，他們說，「她不願學習，我們也不會再幫她。」因此，他們就離開飛回他們自己的窩巢去了。

喜鵲覺得很難過。「回來吧，」她喊道，「我會好好學習的。」但這個時候，其他鳥都要孵卵，或忙著照顧幼雛，沒有時間教懶惰的喜鵲了。這就是為什麼鵲鳥築不好窩巢的原因。

09 為什麼烏鴉的羽毛是黑色的

很久很久以前，烏鴉的羽毛潔白如雪，是一隻美麗的小鳥，但其他鳥類不喜歡他，因為他是個小偷。當他們看到烏鴉來了，他們就把最要緊的東西藏起來，但烏鴉總是有本事能找到它，並且把偷竊的東西帶回他自己松樹上的窩巢裡。

一天早晨，烏鴉聽到一隻小鳥在灌木叢中歡快地歌唱。樹的葉子是深綠色的，其中小鳥的黃色羽毛，看起來像照耀在葉子上的陽光。

「我要那隻鳥。」烏鴉說著，就抓住了顫抖的小東西。

黃色的小鳥振撲翅膀，喊道：「救命啊，救命啊！有人可以來幫我嗎？」

她離其他的鳥類實在太遠了，他們都聽不到她的叫聲。她又叫：「烏鴉會殺了我，救命啊，救命啊！」

現在有一隻木蛀蟲，躲藏在樹皮裡面。

「我只是一隻木蛀蟲，」他對自己說，「我不能像鳥一樣飛翔，但黃鳥一直對我好，我會盡我所能來幫助她。」

當太陽下山，烏鴉睡著了。木蛀蟲，自己悄悄地在松樹上爬到烏鴉的巢，他把烏鴉的雙腳併攏，用草和樺樹皮綁住。

「飛走吧！」木蛀蟲輕輕的對小黃鳥低聲說，「以後再來看我。趕快回家去，你媽媽正想著你。」

小黃鳥飛走了。不久，森林失火，在大松樹上，火焰沿著一根樹枝跳到另一根樹枝。

「失火了！失火了！」烏鴉大叫：「快來幫我！我的窩著火了！」

其他鳥看到他的窘境，並不覺得他可憐，「他是小偷，」他們說，「正好給他一個教訓。」

綁住他雙腳的草和樺樹皮被火燒斷了，烏鴉終於能夠飛走了。他雖然沒有燒傷，但他卻不能再以他閃亮的潔白羽毛感到驕傲了，因為通通都被火燻黑了。

10 鵪鶉是怎樣變成鷸的

「住在這樣的大樹上，遠離其他的鳥類獨居，孤單又寂寞，」貓頭鷹對自己說，「我要找一些伴兒來和我住一起，鵪鶉有很多的孩子，我來求她給我一個。」

貓頭鷹去找鵪鶉說：「你讓我帶你的一個孩子回去，和我一起住，好嗎？」

「跟你住在一起嗎？不要。」鵪鶉回答說。「我寧可讓我的孩子和蛇住在一起。你一整天躲在樹上，天一黑，你就像賊一樣，來捕捉在巢裡睡得正香的小動物。你永遠抓不到我的孩子的。」

「我會的。」貓頭鷹想。

她一直等到夜晚來臨。夜黑風高：黑暗、陰沉，看不到月亮；沒有一星半點在天空閃爍；沒有葉子被擾動；池塘沒有被激起千層浪。貓頭鷹躡手躡腳地來到鵪鶉的家，雛鳥在一起嘰嘰喳喳，她聽著他們的談話。

「媽媽離開很久了，」一隻雛鳥說，「我覺得很寂寞，我很害怕。」

「有什麼好害怕的呢？」另一個問，「你真是一個膽小鬼，閉上眼睛去睡覺。你看我！就是再黑暗、陰沉，我也不害怕。」

哦！哦！吹牛的小鵪鶉哭了，因為貓頭鷹抓住他，把他從家裡的小兄弟當中帶走。

當鵪鶉媽媽回家來，她問：「你哥哥在哪裡？」小鵪鶉不知道。他們只知道在黑暗中有什麼東西抓住了他，把他帶走了。

「那個東西躡手躡腳地窩在黑暗中。」一隻小鳥說。

另一個哭了，「哦，媽媽，永遠，永遠不要再離我們而去了！不要離開，不要把我們自己留在家。」

「但是，我親愛的孩子，」媽媽說，「如果我從來不離開家，你們怎麼可能有食物呢？」

鵪鶉媽媽很難過，如果她知道她的小兒子遠在貓頭鷹的窩發生了什麼事，她會更傷心。殘酷的貓頭鷹拉拉鵪鶉的嘴和腿，直到他的母親認不出他來。

一天晚上，鼴鼠來到鵪鶉的家，說：「你的小兒子在貓頭鷹的窩裡。」

「你怎麼知道？」鵪鶉問。

鼴鼠回答說：「我不能看得很清楚，但我聽見了他的叫聲，我知道他在那裡。」

「我怎樣才能讓他離開貓頭鷹呢？」鵪鶉問鼴鼠。

「貓頭鷹是在黑暗中悄悄地到你的家來的，」鼴鼠說，「但你必須在日出時去她的巢，光會照在她的眼睛，她就看不見你。」

10 鵪鶉是怎樣變成鷸的

日出時，鵪鶉到貓頭鷹的窩，無聲無息地帶走她親愛的小兒子，回到老家。隨著光越來越明亮，她看到他變了。他的嘴，腿都變長，他看起來已經不再像是她的兒子了。

「他不像我們的兄弟。」其他小鵪鶉說。

「這是因為殘酷的貓頭鷹，把他捉去，拉長他的嘴和他的腿，」母親傷心地回答，「你們必須對他更好。」

可是其他的小鵪鶉對他並不好，他們嘲笑他的長嘴和長腿，與鵪鶉他們在一起是永遠不會快樂和高興的。不久，他就跑掉了，站立在水中，躲在巨大的池塘岸邊的蘆葦之間。

「我不會被稱為鵪鶉，」他對自己說，「鵪鶉永遠不會有長嘴和長腿。我會有一個新的名稱，叫做鷸。我喜歡這個名字的發音。」

因此，這隻鳥曾有一度被印第安人稱為鵪鶉，後來被叫做鷸。他的孩子們生活在蘆葦叢中的池塘，他們也被稱為鷸。

11

為什麼蛇會每年脫皮

蛇是貓頭鷹的爺爺，曾有一段時間，如果貓頭鷹需要幫助時，她都會說，「我的祖父會來幫我，」但現在，他再也不來幫她了。這個故事將會告訴我們原因。

當貓頭鷹帶走小鶴鶉，她去對蛇說：「爺爺，你不會去告訴鶴鶉，她的兒子在我這裡吧？你不會吧？」

「不會，」蛇回答說，「我替你保守秘密。我不會洩露秘密。」因此，當鶴鶉媽媽問所有的動物，「你能告訴我是誰帶走我的小兒子嗎？」的時候，蛇回答說：「我一直在呼呼大睡。我怎麼知道？」

後來鵪鶉已成為鷸了，生活在沼澤與蘆葦叢中，殘酷的貓頭鷹到處找他，她看見他站在水中，一塊大石頭的旁邊。

她對蛇說：「爺爺，你替我做一件事，好嗎？」

「我會的，」蛇輕聲說道，「是什麼事？」

「我只請求你，好好地喝一杯水，」貓頭鷹回答說，「來吧，喝盡沼澤中所有的水，我就可以捉到我把他變成鷸的那隻鵪鶉。」

蛇喝了水，喝了又喝，但沼澤仍然有水。

「你為什麼不喝快一點呢？」貓頭鷹叫著，「我永遠也捉不到鷸！」

蛇喝到他喝不下去了，沼澤中的水仍然還是看不出絲毫的減少。貓頭鷹白天看不見，蛇更看不到上面的蘆葦和蒲草，所以他們不知道從池塘裡進入沼澤的水，比蛇能夠喝的，流入得更快。

蛇還是繼續喝，最後他的皮爆裂了。

「哦，」他喊道，「我的皮膚已經破裂了。幫我把它包紮在一起。」

貓頭鷹說：「我的皮從來沒有爆裂。」「如果你喝泥潭的水，我會幫助你，但我不會幫你把皮裂修補好，除非我得到鷸。」

蛇做了所有他能幫助貓頭鷹的事，現在他很生氣。不過，他很害怕，不知道會發生什麼事，他躺在地上顫抖。不久，他的老皮全掉了下來，然後他看到，一層新的，美麗的，從未見過如此明亮閃耀的新皮膚。現在每年他的老皮脫落，但永遠不會再做任何事情來幫助貓頭鷹了。

12 為什麼鴿子這麼膽小

神靈馬尼托永遠庇佑著印第安人。只要他們勇敢，他就高興；但如果他們是懦弱的，他就會非常生氣。

有一天，馬尼托在松樹下走動，他聽到森林裡一個恐懼的叫聲傳來。

「那是什麼？」他說，「難道是我的印第安人孩子害怕了嗎？」

他站著聽，一個印第安男孩從灌木叢中跑出來，害怕地哭著。

「你到底在害怕什麼？」馬尼托問。

「我的母親告訴我：到森林中去，用我的弓和箭，射些動物回來吃。」男孩說。

「這是所有的印第安男孩必須做的，」馬尼托說，「你為什麼不照你母親說的去做呢？」

「哦，大熊在森林裡，我怕它！」

「怕『唬』？」馬尼托問，「印第安男孩是一定不能害怕的。」

「但『唬』會吃我，我知道他會的，」男孩叫道，「哇——呼——哇——呼——」

「男孩要勇敢，」馬尼托說，「我的印第安人當中不會有一個懦夫。你太懦弱，不能成為勇士，你只能是一隻鳥，每當印第安孩子看見你，他們會說，『他是一個怕「唬」的孩子』。」

男孩的外衣，鹿皮掉了下來，羽毛從他的身上長了出來。他的腳不再像一個男孩的腳，而是像鳥的腳。他的弓和箭落在草地上，因為他沒有手了。他想叫他的母親，但他只能發出「呼——呼——」的聲音。

「現在你是一隻鴿子，」馬尼托說，「只要你活著，你就是鴿子。你會永遠被叫做是『最膽小的鳥』。」

變成鴿子的男孩再想叫，也只能說：「呼！呼！」

「你只能發出這樣的聲音，」馬尼托說，「別的孩子聽到了，他們會說，『聽著！他怕「唬」，熊，這就是為什麼，他說：呼！呼！』」

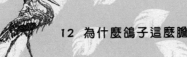

13 從什麼時候鸚鵡開始學人說話

在遠古地球還年輕的時候，所有的鳥兒都聽懂得人類的語言，可以與人交談。每個人都喜歡鸚鵡，因為他報告事情的真相，人們稱他為「說實話的鳥」。

和這隻說實話的鳥住在一起的人，是一個小偷，一天晚上，他偷了別人的牛，把它宰了，然後把肉藏起來。

第二天早上，牛的主人尋找牛，他問小偷：「你有沒有看到我的牛？」

小偷說：「沒有，我沒有看到它。」

「那是真話嗎？」牛的主人問。

「是的，是真的，我沒有看見牛。」他又說一遍。

「問鸚鵡吧！」一個村民說，「他一向都會說實話的。」

「說實話的鳥，說吧，」他們對鸚鵡說，「這個人難道沒有殺了一頭牛，並藏了它的肉嗎？」

「是的，他殺了牛，也藏了肉。」鸚鵡回答說。

小偷知道，第二天村民會懲罰他，除非他讓村民認為這隻鸚鵡並不是每次都會說實話。

「有了！」他自言自語，「我知道我該怎麼辦。」

夜幕低垂時，他放了好大的罐子在鸚鵡的上面，裝滿了水在罐子裡，然後用一個堅實的橡木棍敲了很多次。他耗費了大半個晚上做這件事，然後才上床入睡。

早上，村裡的人來懲罰他。

「你怎麼知道我殺了牛呢？」他問道。

「因為說真話的鳥說你殺了牛。」村人回答。

「說真話的鳥?!」他叫了起來。「那隻鸚鵡不是說實話的鳥，連問他昨晚發生了什麼事，他都不會說實話。問他，昨夜月亮是不是照亮大地的。」

「昨晚月亮照亮大地了嗎？」村人問。

「沒有，」鸚鵡回答說，「昨晚沒有月亮，並下了大雨，空中有一個巨大的風暴。我聽了一夜的雷鳴。」

「這隻鳥一向是說實話的，」村民說，「但昨天晚上沒有風暴，月亮是明亮的。我們該怎麼懲罰這鸚鵡呢？」他們問小偷。

「我認為我們不要再讓他住在我們的家園。」小偷回答說。

「是的，」大家都同意地說，「他必須飛到森林，甚至在有風暴時，他也不可以再回到我們的家園，因為我們現在都知道，他是一個撒謊的舌鳥。」

因此，鸚鵡傷心地飛入寂寞的森林。他遇到了一隻嘲鶇，告訴他發生了什麼事。

「你為什麼不能像我一樣的，學人說的話呢？」嘲鶇問。「人類總是認為他們自己的話是不會錯的。」

「但是，人的話並不真實。」鸚鵡說。

「那又怎麼樣？」嘲鶇回答說，笑了起來，「他們說什麼，你就說什麼，他們會認為你是一隻美妙的鳥。」

「是的，我明白了，」鸚鵡若有所思地說，「我永遠都不會再因為講真話而受到懲罰。我只會重複他們說的話。」

14 第一隻嘲鶇的故事

在遙遠的森林裡，有一個世界上最殘忍的人住在那裡。他不喜歡印第安人，他對自己說，「也許有一天我會成為他們的統治者。」他認為，「印第安人之中有許多善戰的勇士，我必須先把他們都除掉。」

他既狡猾又殘忍，他很快就找到了一種方法來殺勇士。他搭建了好幾個棚屋，在屋裡生火，每一個看起來都像有人住在裡面。

有一天，一個獵人在回家的路上，聽到一個棚屋有嬰兒啼哭的聲音。他走了進去，但他以後再也沒有出來。又過了一天，另一個獵人聽到了孩子的笑聲。他走了進去，他從此也沒有再出來。一天過一天都是如此：一個獵

人聽到女人說話，去看看是誰；還有一個獵人聽見一個男人在叫另一個棚屋的人來，去看看他們是誰，每個一旦進入棚屋的人，沒有任何一個能夠再出來的。

一個年輕勇敢的人也聽到了聲音，他擔心他們有巫術，所以沒有進入棚屋，但是當他看到他的朋友再也沒有回來，他前去棚屋問：「我聽到談笑的聲音，但所有的人都在哪裡？」

「談笑？」狡猾的人嘲弄地說。

勇敢的人大聲喊：「他們在哪裡？你知道嗎？」狡猾的人回：「你知道嗎？」笑了起來。

「我聽到了誰的聲音？」獵人問。

「我聽見了嗎？」狡猾的人嘲笑。

「我聽到嬰兒哭聲。」

「哭？」狡猾的人說。

「誰和你在一起？」

「你。」

年輕的勇士很生氣。他跑進第一個帳篷，在那裡，他發現這個男子哭得像個嬰兒，說話的聲音像一個女人，以及像所有其他的聲音。勇敢的年輕人抓住了他的腿，把他摔倒在地上。

「是你裝出哭聲、笑聲和談話聲。」他說。「我聽到你的聲音，現在你要受到殺害我們的勇士的懲罰。我的兄弟在哪裡？我們的朋友在哪裡？」

「我怎麼知道呢？」男人哭了。「你可以問太陽、問月亮或問火，如果你願意，但不要問我。」他想把年輕勇敢的人拋擲到火坑裡。

「我會問火。」勇敢的人說。「火，你是我們印第安人的好朋友。這個殘忍的人，到底把我們的勇士怎麼了？」

火沒有發言權，所以它不能回答，但它竄出來，遠遠的跳離開勇敢的獵人，在原先火焰所在的地方，他看到兩個箭頭。

「我知道兩個石鏃是誰的。」勇敢的人說：「你把我的朋友投在你的火裡面，你對他們做了什麼，現在我也會對你這麼做。」

他把狡猾的人拋入火裡。這時他的頭裂分為兩半，中間飛出了一隻鳥。它的聲音是響亮而明確的，但它沒有自己的歌。它只能模擬其他鳥類的歌聲，這就是為什麼它被稱為嘲諷鳥，又叫嘲鶇。

15 為什麼狐狸尾端是白色的

「我需要一個男孩來看管我的牛和羊。」一個老婦人這樣想，因此決定出去找一個男孩回來。她先在田野裡找，然後在森林中，卻找不到一個適合的小男孩。在回家的路上，她遇到了一隻熊。

「你要去哪裡？」熊問。

「我正在尋找一個男孩來看我的牛、羊。」她回答說。

「你會要我嗎？」

「會。」她說，「如果你知道如何輕聲地呼叫我的牛羊。」

「欸，欸！」熊叫。他試著輕輕地叫，但他以往只用咆哮的，現在他也只會咆哮。

「不，不，」老婦人說，「你的聲音太粗壯了。在牧場的每頭奶牛都會跑掉，每隻羊都會躲起來，如果你像這樣的咆哮。我不會讓你來做的。」

老太太繼續走，直到她遇到了一隻狼。

「你要去哪裡，奶奶？」他問。

「我正在尋找一個男孩替我看管牛、羊。」她回答說。

「你會要我嗎？」狼問。

「會，如果你知道怎樣輕聲地呼叫我的牛羊。」

「啊嗚—啊嗚—」狼叫。

「你的聲音太高了，」老婦人說。「我的牛、我的羊，聽到了會發抖。我不會讓你來做的。」

老太太繼續走，直到她遇到了一隻狐狸。

狐狸說：「我很高興認識你。這樣風光明媚的早晨，你要去哪裡？」

「我現在要回家了，」她說，「我找不到任何男孩，替我看牛羊。熊只會咆哮，狼的聲音太高。我不知道怎麼辦，我太老了，沒法自己看管牛、羊。」

「哦，不。」狡猾的狐狸說，「你並不老，但一個像你這麼美麗的女主人，不應該在草場看牛羊。我會很高興為你服務，如果你讓我做這一份工作的話。」

「我知道，我的牛羊會喜歡你的，」她說。

狐狸說：「我知道，我深深喜歡它們。」

「你能不能輕輕地呼喚它們，狐狸先生？」她問。

「哈嘍—哆嚕哆嚕哆嚕哆嚕，哈嘍—哆嚕哆嚕哆嚕哆嚕。」狐狸叫，如此溫柔的聲音，像是耳語。

「那好，狐狸先生，」老婦人說。「跟我回家，我會帶你到我牧羊的草場。」

每一天晚上，當狐狸走回家的時候，一隻牛或一隻羊就會不見。「狐狸先生，我的牛在哪裡？」老婦人會問，「狐狸先生，我的羊在哪裡？」狐狸帶著悲傷的樣子回答，「熊從森林來了，他吃了牛、羊，」或說，「狼來了跑進牧場，是他吃的。」

老婦人遺憾失去了她的羊和她的牛，但她想，「狐狸先生一定更遺憾，我必須走出去到牧場，並帶給他奶油喝。」

她去了牧場，看到狐狸站在羊的屍體旁邊。就是他這隻狐狸，殺了並吃掉了每一隻失去的牛和羊。當狐狸看到老婦人來

了，他就開始逃跑。

「你這殘忍、狡猾的狐狸！」她哭了。

她沒有什麼東西來丟狐狸，只有奶油讓她丟了。它擊中了狐狸的尾巴尖，從那天起，狐狸的尾巴尖變成奶油般的白色。

16 第一隻青蛙的故事

很久很久以前有一個人，他有兩個孩子，一對男孩和女孩，男孩叫哇—呼，女孩叫哈—哈，他們常受父親的虐待。有一天，哇—哇—呼對哈—哈說：「親愛的小妹妹，你滿意和我們父親的相處嗎？」

「不，」女孩回答說，「他罵我、打我，我也不討他喜歡。」

「今天早上他生我的氣，」那個男孩說：「他拚命打我直到流出血來。你看！」

「讓我們逃跑吧。」哈—哈說。「野獸和飛鳥會好好地對待我們。他們是真心愛我們的，我們可以很開心地在一起。」

那天晚上，兩個孩子背著他們殘忍的父親離家出走。他們在森林裡發現了一個沒有住人的帳篷。

當父親發現了哇—哇—呼，和他的妹妹哈—哈都走了，非常不滿，到森林去找他們。他大聲說：「如果他們回來，我會盡我所能來使他們高興。」

「你覺得他講的是真話嗎？」狼問。

「我不知道，」蚊子回答，「他們還住在一起的時候，他從來沒有善待過孩子們。」

「狼，」爸爸叫，「我的孩子在哪裡，你能告訴我嗎？」

有一次，哇—哇—呼告訴狼說，曾經有一個人向他們開槍，所以狼不告訴他，他們在那裡。

「蚊子，」父親說，「我的孩子在哪裡？」

有一次風太大的時候，哈—哈曾經幫助蚊子回家，所以蚊子也不會說

出口。

很長一段時間，哇—哇—呼和他的妹妹在森林裡過得很快活，因為沒有人罵他們，打他們，但酷寒的冬天終於來了，大地為冰雪所覆蓋。動物都走了，哇—哇—呼沒有食物可吃。死神接著來到，帶走了溫柔的哈—哈。哇—哇—呼獨自一人坐在他妹妹所在的陰暗帳篷裡痛哭，然後他很悲傷地從高山摔下，也死了。

在這段時間裡，父親一直在尋找他的孩子，最後，他看到兒子躺在山腳下。他放聲大哭，並大聲喊叫，他說，他過去如此殘酷地對待他們，真的很對不起他們。他是一個巫師，他可以讓他的兒子活回來，但他卻無法讓他又回到童年。

「你是一隻青蛙，」他對哇—哇—呼說，「你必須住在沼澤蘆葦和蒲草當中。在那裡，你會為你的妹妹哀號的發出聲音，每一次月圓的晚上，我會與你為她哭喪。我對待你們兩人如此殘忍，所以我必須獨自住在我的陰沉帳篷裡。

每到夏天的夜晚，人們可以聽到青蛙在沼澤為他親愛的妹妹哈——哈而哀號。有時候聽到一個響亮的聲音，那就是，父親哭喪的聲音，因為他正後悔著他殘酷的行為。

17 為什麼兔子如此膽小

一天晚上，月亮從天空俯視地上的人類，對自己說，「他們看來多麼悲愴！我希望能知道有什麼事困擾著他們。我和星星從來不傷心，我不明白為什麼人類會有困擾。」她仔細聽，她聽到人們說，「我們應該是多麼幸福，如果死亡從來沒有向我們走來。死亡卻始終是擺在我們面前。」

月亮的運行是在空中，她不能離開路線到人間，但她對白兔說：「兔子，你害怕到地上人間去嗎？」

「不怕，我不怕。」兔子回答說。

「在地上的人感到不安，因為死亡在他們面前。現在你可以到他們那裡去，低聲說：『月亮每天晚上都會死。你可以看到它落下沒入黑暗中，但是又一個夜晚來了，月亮會再次升起。』你能記得並告訴他們嗎？」

「好，」兔子說，「我會記住的。」

「你要這樣說，」月亮說：「月亮死了，但月亮又會升起了，你們也能這樣。」

兔子很高興的到地上來，他手舞足蹈，蹦跳又嬉戲地來到人間，但是當他準備告訴人們月亮說的話的時候，他不記得了，他說：「月亮說，『她死了不會再上升，所以你也會死，不會再活。』」

月亮看到人仍然是困擾的，她叫兔子，問他對他們說了什麼。

「我說，當你死了就不再上升，所以他們也會死，而不再活。」兔子說。

「你沒有努力記住，你必須受到懲罰，」月亮說，她將燧石箭頭的箭向兔子射去。

17 為什麼兔子如此膽小

箭頭擊中兔子的嘴唇，兔子的嘴唇分裂了。從那時起，每隻兔有一個裂唇。兔子害怕月亮，他也怕地上的人。他以前一直是很勇敢的，但現在他是最膽小的動物，他什麼都害怕，每個人他也都害怕。

18 為什麼斑點磯鷸總在下雨時哭泣

「所有的飛鳥，都到我這裡來，」偉大的父神說。「有事情要給你們做，只有我的鳥們可以勝任。」

飛鳥們很高興他們可以做一些事情來取悅偉大的父神，因為他們記得，他一直對他們非常好。他們熱切地飛到父神面前，異口同聲地問：「偉大的父神，告訴我們，我們可以如何服勞。」

「我造的水域，不知道往哪裡去好，」父神說，「有些應該去海洋；有的要去山與山之間凹地中的湖泊；還有一些應該變成河流，跳舞越過岩石，經過原野，流入海洋。」

「像我這樣的一隻小鳥，能告訴他們往哪裡去嗎？」麻雀熱切地問。

「能，」父神說，「我的小蜂鳥也能幫助我。」

每隻能飛的鳥都飛到父神那裡了，但斑點磯鷸最後才到，因為他很懶惰。他說：「我真的不希望到處飛行，指示水域該往哪裡去。」

「哦，我希望我是一隻鳥，」一隻蝴蝶說，「我會很高興替父神做一些事情。」

但斑點磯鷸還說，「湖泊可以找到自己的途徑，自己到山之間的凹陷。」

父神聽到了懶惰的斑點磯鷸說的話，就說：「你不希望指示水該去哪裡？」

「他們從來沒有教我要去哪裡，」懶惰的鳥說。「我不渴，誰渴了，需要水的，讓他去幫助湖泊和河流的水。」

其他的飛鳥都站著不動的等著瞧。「他會受到懲罰。」他們低聲說。

「是的，他必須受到懲罰，」父神傷心地說。然後對懶惰的斑點磯鷂說，「你永遠不能喝河流或湖泊的水。當你口渴時，你必須尋找岩石間凹陷積聚的雨水，只有那種水你才可以喝。」

這就是為什麼斑點磯鷂飛在河流和湖泊上面，卻更急切地呼喊，「皮特—唯特，皮特—唯特！」因為，他是在說：「雨，雨！」

19 為什麼熊有短短的尾巴

一個寒冷的早晨，狐狸帶著魚走在路上，遇見了熊。

「早安，狐狸先生。」熊說。

「早安，熊先生。」狐狸說，「今天早上非常愉快，因為我遇見你。」

「這些都是好魚呢，狐狸先生，」熊說，「我已經許多天沒有吃過這樣的魚了。在哪裡可以找到這些呢？」

「我一直在釣魚，熊先生。」狐狸回答。

「如果我能釣到像這樣的魚就好了，我喜歡去釣魚，但我不知道怎樣釣魚。」

「讓你學習釣魚是很容易的事，熊先生，」狐狸說，「你這麼大，這麼壯，你可以勝任任何事情。」

「你願意教我嗎，狐狸先生？」熊問。

「我不會教別人，但看在你是好朋友的份上，我會教你。來這個池塘，我告訴你怎樣的在冰雪裡捕魚。」

因此，狐狸和熊去結冰的池塘，狐狸示範給熊看，如何在冰上開一個洞。

「這對你很容易，」狐狸說，「但許多動物不會開洞。有一個秘訣，你必須把你的尾巴放入水中，並且保持在那裡不動。這是不容易的，不是每一種動物都可以做到這一點，水是非常寒冷的，但你是一個博學多才的動物，熊先生，你知道捕魚的秘訣，是長時間的保持你的尾巴在水裡。然後，當你拉起來，你會拉出像我一樣這麼多的魚。」

熊把他的尾巴伸到水中，狐狸就走了。日正當中了，熊仍然坐著不動，他的尾巴在冰孔裡。日落了，但熊還是坐在冰孔上，他的尾巴仍在冰孔裡。他想：「練了功的動物，應該能忍受這一點寒冷。」

開始天黑了，熊說：「現在我就來拉魚出水，會有很多魚吃，該有多麼好！」他拉了又拉，但沒有魚出來。更糟糕的是，尾巴掉在洞裡了，因為它的末端老早就被凍僵了。

他慢慢地走在路上，憤怒地咆哮著：「我希望我能找到那個狐狸。」但狡猾的狐狸蜷縮在他溫暖的窩，每當他想到了熊，他就會笑起來。

20 為什麼鷦鷯總是飛得低低的

有一天，當鳥兒聚在一起，其中一隻鳥說：「我一直在觀察人類，我看到他們之中有一個王。我們也應該有一個王。」

「為什麼？」其他的鳥問。

「哦，我不知道，但人類有王。」

「該什麼鳥做王呢？我們應該怎樣選出王來呢？」

「讓我們選擇能飛最遠的鳥。」一隻鳥說。

「不，飛得最迅速的鳥。」

「最美麗的鳥。」

「唱歌最好聽的鳥。」

「最強壯的鳥。」

貓頭鷹坐在不遠的大橡樹上，雖然一言不發，但是誰都知道他最聰明，所有的鳥異口同聲地說：「我們問貓頭鷹，請他替我們選擇。」

貓頭鷹一臉的聰明相，說：「飛得最高的鳥應該是我們的王，」而其他的鳥也贊成，都說：「對，我們選擇飛得最高的鳥。」

鶺鴒非常小，但她喊得比誰都熱切，「讓我們選擇飛得最高的鳥，」她對自己說，「他們認為的貓頭鷹是明智的，但我比他更聰明，我知道哪些鳥能飛得最高。」

每一隻鳥都試了自己的翅膀，一個接一個，高高地飛出去，都先回到家園，飛回來時很快就看出誰能飛最高。當所有的鳥回來了，看到老鷹上升越來越高。

「鷹是我們的王。」在地上的鳥叫道，鷹得意地大喊了一聲。但是

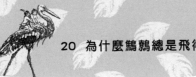

瞧！一隻小鳥一直在鷹的背上藏在羽毛裡，鷹飛得高時，鶺鴒飛了起來，比起鷹的背部還更高。

「現在誰是鳥王？」鶺鴒叫道。「飛到最高的應該是王，我才是飛到最高的。」

鷹很生氣，但是沒有說一句話，兩隻鳥一起回到地上。

「我是王，」鶺鴒說，「我飛得比鷹高。」其他的鳥都不知道應該選擇哪一個。最後他們去橡樹找貓頭鷹。他向東、南、西、北，看了看，然後說：「鶺鴒沒有飛，她是在鷹的背上。鷹是王，因為他不僅飛到最高，而且還背了鶺鴒在他的背上。」

「好，好！」鳥類都贊同。「貓頭鷹是最聰明的飛禽。我們依照他說的，老鷹是我們的王。」鶺鴒悄悄地走了。她以前以為她很聰明，但現在她是真的變聰明了，因為她總是飛得接近地面，而且從不嘗試去做她做不到的事情。

21 為什麼鹿蹄會裂成兩瓣

神靈馬尼托教印第安人很多事情。他教他們如何建造屋、打獵和捕魚。他教他們如何用罈罐儲存水和食物。說到養育嬰兒，馬尼托會說：「看，這才是為嬰兒做柔軟溫暖搖籃的方法。」

這善良的神靈常常從他在天上幸福的家觀看印第安人做事。如果每個人盡他所能的去做，馬尼托會很高興，但如果印第安人懶惰的或是邪惡的，神靈會很生氣，那個印第安人遲早是會受處罰的。

有一天當馬尼托在森林裡散步的時候，他對自己說：「一切都很好、很快樂。綠葉一起歡快地低語，海浪拍打在岸邊嬉笑，松鼠牙齒卡嗒卡嗒作

響，並儲藏了冬天的食物。動物、植物都愛我，當我的手放在他們身上，花朵的顏色是美好的。」

忽然馬尼托聽到奇怪的聲音，「我不常聽到這種聲音，」他說，「這個我不喜歡，森林中有邪惡心思的人在。」

他看到一塊巨石的旁邊，有拿著刀子的一個人。

「你拿刀在做什麼？」馬尼托問。

「我在扔掉它。」那人回答。

「告訴我實話。」馬尼托說。

「我在磨它。」那人回答。

馬尼托說：「奇怪，你有食物在帳篷裡，你為什麼要磨刀？」

那個人不得不對馬尼托說實話，於是，他回答了，但並不是很情願的，「我磨刀想殺死邪惡的動物。」

「哪一種動物是邪惡的呢？」馬尼托問，「哪一個傷害了你？」

「沒有人傷害我，」那人說，「但我不喜歡他們。我要讓他們怕我，我就殺了他們。」

「你是一個殘忍、惡毒的人，」馬尼托說。「動物沒有傷害你，你也不需要他們當食物。你再也不是人了。你會變成鹿，在森林中害怕每個人。」

小刀就從那個人的手掉下來，插進了他的腳。他跳下馬來，跺腳，但刀子只有插進去更深。他大聲喊叫，但他的聲音聽起來很奇怪。他的雙手不再是手，而是

變成了腳。鹿角也從他的頭長出來，他的整個身體也不是一個人類的，而是鹿！他在森林裡跑，但每當他看到人，他就害怕。蹄是分裂的，因為那麼尖銳的刀落在他的腳時，他是人，每當他看著他們，他必須記住，這是他自己的邪惡，使他變成鹿的。

22 第一隻蚱蜢的故事

在一個很遠的鄉村，住著一個年輕人叫提托諾斯。他長得強壯、帥氣。他整日心無牽掛，腳步輕盈，獵殺鹿、跳舞或唱歌。每一個人都愛他，而愛他最深的是一個名叫曙光的女神。

每一個女神有她自己的使命，但曙光的使命是最美好的，因為她是黎明的女神。她出去迎接太陽，照亮了他的途徑。她看顧花兒，每當花兒看到了她的來臨，顏色會變得更鮮明美麗。所有的美麗事物她都喜歡，這就是為什麼她愛提托諾斯。

「多年來，我不斷漫遊經過這個鄉村，」她對自己說，「但我從來沒有見過有這樣明亮的藍眼睛。哦，最美麗的青年，」她大聲說，「你是誰？你的名字應該是聽起來像風中的松樹，或像第一次花開之間，鳥兒所唱的歌曲。」

年輕的男子在她面前跪下，「我知道得很清楚，」他說，「你不是凡間的姑娘，你是從天上下凡的我們的女神。我只是一個獵人，我漫步穿過森林，尋找鹿。」

「跟我來，最好看的獵人。」曙光說。「跟我到我父親的家，你去和我的兄弟住，和他們一起狩獵，或者當我帶著初乍的晨光和快樂給花朵時，和我一起同行吧。」

因此，提托諾斯離開了自己的家鄉，住在曙光女神的家裡。

經過很長一段時間，他們生活在一起非常開心，但是有一天，曙光說，「提托諾斯，我是女神，所以我是長生不朽的，但有一天死亡會取了你，你會離我而去。我去請求眾神之王，使你也可能成為不朽的。」

曙光去懇求眾神之王，將提托諾斯化為不朽。

「有時候人們並不高興，即便我答應了他們的所求，」眾神之王回答道，「所以想好了再說話。」

「我只有一個心願，」曙光說，「提托諾斯，最漂亮的美男子，應是不朽的。」

「你會得償所願。」眾神之王說，提托諾斯和曙光再次一起愉快地漫步穿過森林和獵場。

有一天，提托諾斯問道，「我的曙光，為什麼我不能如往日一樣的，直視你的眼睛？」又過了一天，他說，「我的曙光，這是為什麼，我不能就如以前一樣的，把我的手放在你的手上？」

女神傷心地哭了起來。「眾神之王給了我什麼，我問，」她哭著說，「我求，你應該是不朽的。我忘記求，你應該永遠年輕。」

每天提托諾斯隨著年齡的增長越變越小。「我在你父親的家中再也不

快樂了，」他說，「你的哥哥們一樣漂亮和強大的，如當我第一次見到你的時候一樣。讓我回到我自己的家鄉；讓我變成一隻鳥或昆蟲，生活在我們第一次共同遊蕩的領域。讓我走吧，親愛的女神。」

「如你所願，」曙光悲傷地回答，「你將成為一個蚱蜢，每當我聽到蚱蜢，歡快的歌曲，我會記得我們在一起的時候，快樂的日子。」

23 黃鸛鳥的故事

北國的國王曾經對自己說：「我是冰雪之國的主人，但是我算不了什麼，除非我能統治陽光和鮮花的土地。如果我害怕南國之王，我就不是王。北風將帶著我冰冷的氣息；鳥獸寒冷的顫抖；我自己將請來雷聲，這位南方的統治者，夏季的國王，將屈服於我的權力之下。」

南方的土地一向是陽光普照，但天空突然變黑了，太陽在恐懼中躲藏起來。黑暴風雲源自北方，凜冽寒風吹過山頭。它與南國的樹搏鬥，甚至於連橡樹都無法抵抗它的強力，雖然根是牢固且強大，仍然不得不屈服，被吹倒的樹木躺在地上悲傷地哀號，殘酷的風暴和雨水打在他們身上。雷霆在山谷咆哮，山中叉狀閃電的白火，燃燒穿過雲層。

「我們會滅亡！」陽光明媚的南方的動物叫道，「閃電的箭針正對著我們。哦，親愛的南國統治者，難道我們必須要屈服於北方殘酷的主人嗎？」

「我的王，」一個嗡嗡的聲音說，「我可以出去對抗暴風的壞主人嗎？」

雷聲停止了一會兒，嘲弄地笑著從雲間出來，這是一個小黃蜂，要求走出去，與北方的統治權力交鋒。

「親愛的王，我可以去嗎？」大黃蜂重複地說。

「可以，你可以去。」南王說。小昆蟲單獨走了出去，勇敢地刺痛了風暴的主人。

北王用戰棍打擊他，但大黃蜂只在他的頭頂飛過，並再刺痛他。大黃蜂小，閃電的箭頭打擊不到他。他一次又一次地刺痛了，北王最後又回到了

自己的國度，黑風暴雲、雷電和寒酷的風雨領在先前。

「勇敢的小黃蜂，」南王說，「告訴我，我能給你什麼。你求什麼，就得什麼。」

然後小黃蜂說，「我的王，世界上沒有人愛我。我不想傷害人，但他們害怕我會螫他們，不讓我住他們家附近。你會使人類愛我嗎？」

「小黃蜂，」國王輕輕地說，「你不再是人所擔心的刺痛人的昆蟲。你會成為一個活潑、快樂的黃鳥，當人類看到你，他們會說：『看那美麗的黃雀，如果他在我們的樹上築巢，我會很高興』。」

因此，大黃蜂現在是黃鸝，是一隻人人喜愛的鳥。他的窩看起來像大黃蜂的，因為他他在變成黃雀以前，就已經學會了如何建立自己的家。

24 為什麼孔雀的尾巴上有一百隻眼睛

眾神的女王朱諾有一頭世界上最好看的白色乳牛，牛眼睛有柔和明亮的藍色，像少女一樣的美麗。眾神之王，經常互相捉弄，朱諾知道國王想要得到她的牛，有一個名叫阿格斯的看守者，他可以看見世界上所有發生的事情，因為他有一百隻眼睛，從來沒有人見過他的眼睛全部同時睡著的，所以朱諾女王給了阿格斯看守白乳牛的任務。

眾神之王知道她做了什麼，他自己笑了，說：「我要對朱諾開一個玩笑，我會得到白牛。」他召見信使墨丘里，並在他耳邊低聲說，「墨丘里，你去阿格斯看守白牛的田野，把牛帶來給我。」

墨丘里，每當他可以對人行惡作劇的時候，他總是開心的，他樂意去到阿格斯一百隻眼睛，每一隻眼看守著白牛的地方。

墨丘里可以講給人聽，世界上發生的所有樂事。他很會唱歌，他的聲音和音樂已經催眠麻醉了許多天上的神明。阿格斯知道墨丘里的性質，但他有很長一段時間一直是孤獨的，他想：「聽他快樂的閒談，聽一聽會有什麼損害呢？我有一百隻眼睛，即使一半的眼睛都睡著了，其餘的也可以輕鬆地看守一頭牛。」所以，他很高興地呼叫墨丘里說，「我獨自在這個牧野已經很長很長的時間了，但你，你可以隨意到處漫遊。你願不願意唱歌給我聽，並告訴我，在世界上發生了什麼事？你也會高興聽故事和音樂，如果你沒什麼事做，除了看牛，即使是女王的牛。」

墨丘里唱歌和講故事。有些歌曲是快樂的，也有些是悲傷的。阿格斯閉起了一隻眼，然後又是一隻又一隻的閉起來，但有兩隻眼睛，所有悲傷的和所有快樂的歌曲，都沒法使它們閉上。於是墨丘里抽出了一根空心的蘆葦，是他從河中帶來的，並開始吹起來。這是一支神奇的蘆葦，他吹起時，可以聽到岸邊水波蕩漾，松樹間風的氣息，可以看到黃昏之際，百合花彎曲的點頭，和夏季裡星星閃爍的天空。

阿格斯閉一隻眼，然後另一隻也閉起來了。每一隻眼都很快的熟睡了，墨丘里把白牛帶來給了眾神之王。

朱諾經常捉弄眾神之王，所以他很高興這一次他能作弄到她，但朱諾非常憤怒，她對阿格斯說，「你是一個奇怪的看守者。你有一百隻眼睛，你甚至不能保持其中一隻清醒。我的孔雀比你

更聰明，任何人任何時候在看它，它都知道。我會把你的每一個眼睛放在孔雀的尾巴。」今天，誰看到孔雀開屏，可以算一算在他的尾巴曾經屬於阿格斯的一百隻眼睛。

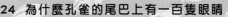

25 第一隻蜜蜂和蒼蠅的故事

有一次，有兩個相鄰近的部落，人口稀少。他們兩個部落的生活方式並不很相似：一個部落尋找食物，收藏起來，安全過冬；而另一個部落，整天嬉戲，唱歌，跳舞。

「來吧，和我們一起玩。」懶惰的人說，但忙碌的工人回答說：「不，來與我們一起工作。冬季很快就到。冰雪會無處不在，如果現在我們不儲存食物，在風雨交加的冷天，就會沒有食物可吃。」

因此，忙碌的人們從花間帶來蜂蜜，但懶惰的人只是玩，在一起談笑，彼此低聲說，「看那些忙碌的工人！他們有足夠給兩個部落的食物，他們會分給我們一些的。讓我們一起去跳舞！」

夏天一個部落勤勉工作，而另一個部落遊戲玩樂。當冬天來了，忙碌工作的人可憐他們的朋友，說：「讓我們給他們一些蜂蜜吧！」因此，玩樂的人們也有像採花蜜的人一樣多的食物。

又一個夏天來了，做工的人說：「如果我們在製造蜂蜜的百合花附近建立家園，我們會更容易得到食物。」因此，勤勉做工的人搬走了，但懶惰遊戲和玩樂的人，就和以前一樣的，因為他們認為：「哦，他們會回來，給我們帶來一些蜂蜜。」

後來，寒冷的冬天來了，但懶惰的人沒有東西可吃，工作的人沒有帶來食物。神靈馬尼托對他們說：「親愛的

小工人，你們不必在花間走，我給你翅膀，你是蜜蜂。當人類聽到溫柔的嗡嗡聲，他們會說：「這些都是忙碌的蜜蜂，翅膀是神靈賜給他們的，因為他們又聰明又聽話。」

對另一族人，馬尼托說：「你是蒼蠅，你也有翅膀，但工人飛在花叢中，吃金黃色的蜂蜜；而你，蒼蠅，懶惰貪玩，被扔掉的食物就是你的食物。當人聽到你的嗡嗡聲，他們會說：『蒼蠅有翅膀是很好的，因為我們可以把它們趕走，遠離我們。』」

26 第一隻鼴鼠的故事

一個富人和一個窮人各擁有一塊田地，這兩塊田地相接相鄰。富人的田地在北部，而窮人的在南部。每個人播下種子在自己的田裡。溫暖的日子來了，細雨落下，窮人的那塊，種子在田裡發芽生葉；有錢人的那一塊，所有的種子在地上死了。

富有的人是一個自私邪惡的人。他說：「南部的田地是我的。」但這個可憐的人回答說：「不，南部的是我的，因為那是我撒的種子。」

那個邪惡的富人有一個兒子，跟他一樣的壞。這個兒子低聲說：「爸爸，叫他早上過來，我知道我們怎樣能搶到這塊土地。」所以富人對窮人

說，「你早上來，很快我們就可以看看這到底是誰的土地。」

到了晚上，有錢人和他的兒子拔了一些長在田邊的灌木叢，兒子就自己躲在拔出根的洞裡。

到了早上，很多人和有錢人到田裡去。這個窮人很憂慮，因為他擔心他會失去自己的田地。

富人誇口大聲說：「現在我們都看到的，這是誰的田地？」

「這塊田是富人的。」一個聲音從洞裡回答說。

「怎麼辦？我以後怎麼能為我的孩子得到食物？」這個窮人哭了。

然後聽到另一個聲音，這是田地的神靈，他說：「南部的田地是窮人的，北部的那一塊也是他的。」

富人想逃跑，但那聲音叫住他：「等等，大家看以前灌木叢生長的地方。在穴裡的男孩和他的邪惡的父親，在有生之日，他們必須隱藏在黑暗中，不會再見到光明的太陽。」

第一隻鼴鼠的故事——這就是為什麼鼴鼠從來沒有出來見到天日的原因。

27 第一隻螞蟻的故事

「這個罐子滿是煙燻肉。」一個聲音在說話。

「這個罐子有魚，這個裝滿了蜂蜜，還有一個滿滿是油。」另一個聲音說。「我們有可以滿足好幾天需求的食物。」

這些話是一個村人做完工作回到家的時候，聽到他的母親和妹妹說的話。

「他們經常捉弄我，」他自言自語地說，「現在我也跟他們開一個玩笑。」於是，他走進屋子，說：「媽媽，我發現，我有一個奇妙的嗅覺，它能幫助我找到任何隱藏起來的東西。」

「真是了不起。」妹妹叫道。

「如果你能告訴我這些罐子裡有什麼，」他的母親說，「我會認為你是一個真正的巫師。這是什麼？」

「這是肉、魚、蜂蜜，這個罐子是油，裝得滿滿的。」那個人說。

一天早晨，母親對她的朋友們說：「我從來沒有聽說過這樣的奇蹟，想不到我的兒子有如此奇妙的嗅覺！他告訴我，罐子裡有什麼東西，而這些罐子是蓋緊的。」

不多久全國的人都聽說了這個了不起的人，有一天，國王召見他。

這個人很害怕，因為他不知道什麼事會發生在他身上，當他聽到國王說：「昨晚我失去了我手上的一顆明珠」的時候，他更是害怕。國王又說：「他們說你可以找到所有失去的東西，找到我的珍珠，不然你會失去你的腦袋。」

這個可憐的人就進了森林。「哦，我千不該萬不該撒謊，」他哭著說，「如此尖銳的悲哀，這種可怕的麻煩，就不會臨到我身上。」

「拜託，請不要告訴王。」兩個人的聲音在樹下說話。

「你們是誰？」那個人問。

「哦，你一定非常瞭解我們，」一個男人出現在眼前，「我的名字是尖銳，在樹背後的人名叫可怕，但請不要告訴王。我們把珍珠交給你，在這裡。你叫我們的名字，讓我們知道你知道我們兩個。哦，我後悔做了賊！」

那個人把珍珠交給了國王，回家以後希望再也沒有人會對他提起他的嗅覺。

27 第一隻螞蟻的故事

第三天，王后派人來告訴他，一定要去見王后。她想，他的本事只是詐騙，為了抓住他的把柄，她把貓放在袋裡，又把袋子裝在箱裡。

那個人來了，她厲聲問道，「這個箱子裡有什麼？告訴我真相，否則你的腦袋不保。」

「我該怎麼辦？」那個人想，「可怕的死亡就要來到我身上。」他不記得他在皇后跟前，他大聲反覆地說：「袋裝的貓很快就會死了。」

「那是什麼？」王后叫道。

「袋裝的貓很快就會死。」他極端恐懼地重複。

「你是一個了不起的人，」王后說。「真的有一個包裝盒，裡面有一隻貓被收入囊中，但除了我以外，沒有人知道。」

眾人說：「他不是人，他是神。他應該生活在天上，眾神之中。」所以，他們把他放在天上。他的手上有土，土落地以後，都變成螞蟻了。螞蟻有敏銳的嗅覺，那是因為這個人被接到天上住在神之中時，從這個人的手掉下來的。

28 第一隻白鮭的故事

有一天，一隻鶴坐在水中遠遠的一塊岩石上，聽到一個聲音說，「鶴爺爺，鶴爺爺，請你過來，帶我們到湖對岸。」這是一個孩子的聲音，鶴到了岸邊，看到兩個小男孩互相牽著手，哭得好傷心。

「你為什麼哭呢？」鶴問，「你們為什麼遠離家和朋友，想到湖對岸去呢？」

小男孩從來沒有如此的痛苦，邊哭著說：「我們沒有朋友，我們沒有父親，沒有母親，一個殘酷的女巫找我們的麻煩。她經常傷害我們，我們要逃家，讓她永遠無法找到我們。」

「我會帶你過湖，」鶴說，「手抓緊一點，但是不要碰我的後腦勺，不然，你會掉入水裡到湖底去，你會聽我的話嗎？」

「好，一定的，我們會聽話，」他們說，「我們不會碰你的頭。但是，請快一點過來。我們好像又聽到了在樹林裡女巫的聲音。」

果然是女巫，她對自己一遍又一遍地說：「我會抓到他們，我會懲罰他們，這樣他們永遠不會再從我手上逃跑。抓了他們，以後就會聽我的話。」

鶴背著兩個小男孩輕輕地到了對岸，當

他回來時，女巫站在那裡。

「親愛的鶴老爺，好心的鶴老爺，」她說，「你對每一個人都那麼好。你背著我過湖，好嗎？我的兩個可愛的孩子在樹林裡迷路，一整天我為他們哭得很傷心。」

湖泊的神靈曾告訴鶴，每一個要求的人，都要載他們過湖，所以他說，「好，每一個要求的，我都會帶他過湖。手抓緊一點，但不要碰我的後腦勺，不然，你會掉入水裡到湖底去，你會聽我的話嗎？」

「會，我會聽你的話的，」女巫說，但她想，「他不會這麼膽小，如果他不是怕我的魔法，他就不會不讓我摸到他的後腦勺。我會把我的手放在他的頭上，然後他會永遠受我的擺佈。」所以，當他們遠離了湖邊，到了湖中央的時候，她把手放在鶴的頭上，她還沒來得及說：「哦！」她已經在湖底了。

「你將永遠不會再住在有光的地方，」鶴說，「你在地上沒有做好事。你會變成白鮭，只要他們吃魚，你就應當成為印第安人的食物。」

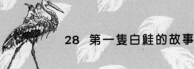

29 第一隻烏龜的故事

從前，有兩個印第安部落之間的大戰爭，激烈到河流都被鮮血染紅了，憤怒的戰爭吶喊聲響徹了森林，動物在恐懼中都逃跑了。勇士們打鬥了一整天，直到快天黑的時候，一個部落除了兩個戰士，所有的男人都死了，沒有死的，其中一個名叫烏龜。那時候沒有烏龜這樣的動物在池塘裡和河流中，也沒有人知道他為什麼叫這個名字。最後烏龜的朋友被箭射中，倒在地上。

「現在，投降吧！」敵人說。

烏龜說：「朋友，你死了嗎？」

「沒有。」他的朋友說。

「那麼，我會繼續奮鬥。」烏龜說。然後他對敵人大聲喊：「還給我那些你們邪惡的箭頭所殺死的戰士的生命，我才會屈服，不然，我絕不屈服。來吧，你們是懦夫！你們怕我。你們不敢來了！」

於是敵人說：「我們將所有的箭頭一起發射，總有一支箭會殺了他的。」他們準備發箭，但烏龜也準備就緒：他有兩面厚厚的盾牌，一個在他的背後，一個在胸前。然後，他喊叫他的兇猛的敵人：「你們還沒準備好嗎？如果你有本事，就來吧，兇猛的戰士！射出你的箭，穿過我的胸膛。」

所有的戰士都出手，但沒有一支箭頭射穿烏龜，兩個盾牌保護了他的胸膛和背部，每次箭通過空氣發出嗡嗡聲時，他把頭和手臂縮進盾牌當中，所以他沒有受到傷害。「你們為什麼不瞄準我呢？」他叫起來，「你們是在山上射箭，還是在太陽或月亮上？你們是優秀的戰士，可不是嗎？再試一次。」

他的敵人再出手，而這一次箭頭射中受傷的朋友，因為他躺在地上。

當烏龜喊「我的朋友，你還活著嗎？」沒有人回答。

「我的朋友死了，我不打了。」烏龜說。

「他已經屈服了。」他的敵人叫道。

烏龜說：「他沒有。」一個大飛躍，他跳進河，他的敵人在後面，不敢跟著跳河。

「他那長長的手臂，會拉我們到水底，」他們說，「但我們會看，等到他來了，我們就可以肯定是他。」

事情沒有如他們所想的那麼確定，因為沒有看見他出到水面，他們所能看到在水中的，是一個從來沒見過的一個奇怪的動物。

「看它的四肢和頭部。」一個人說。

「縮進去就看不見，像烏龜那樣。」另一個說。

「它的胸前背後都有盾。」第一個說。然後，所有的戰士們如此渴望觀看奇怪的動物，都不想打仗了。他們聚集到河岸邊。

「這不是烏龜。」一個說。

「這是烏龜。」另一個又說。

「這個很像是他，我不在乎下水看看，只要能看見他。」還有一個說。

「但是，這個若不是烏龜，他會在哪裡呢？」他們都問，沒有一個能回答，連部落的智者也答不出來。

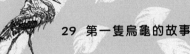

30 為什麼鱷魚的嘴巴這麼大

「只要你願意，就到我的王國來，」水中的女神對陸地的王說，「我的波會是平靜的，我的動物會是溫順的。他們將是你的孩子，如同他們是我自己的。在我的王國你不會受傷害。」

女神回到她在海中的家，國王走到河岸邊，站在那裡凝望著美麗的水。他的小兒子在他旁邊走。

「父親，」男孩問，「如果我下水去游泳，女神會生氣嗎？」

「不會，」父親回答，「女神說，在她廣大的王國，什麼都不會傷害我們。水裡動物會是溫順的，水波會是平靜的。」

男孩下了水，他游泳像魚一樣的容易，他從這邊的岸游到那邊的岸去，有時和魚說話，有時發現了塊明亮的石頭，就帶回去給他的父親。突然有什麼東西抓住了他的腳，把他拖下，經過深水的黑暗處。「哦，爸爸！」他哭了，但他的父親已經離開岸邊，奇怪的生物，不管它是什麼，拖著男孩到河底。

為了這個水中生物的所作所為，河充滿了悲傷，它輕輕地把男孩抬起，並背著他到女神的腳前。男孩雙眼緊閉，臉面蒼白，他已經死了。當女神看著他，淚如雨下。「沒想到我的動物會做這樣殘忍的事，」她說。「他的父親永遠不會知道這件事，因為男孩不記得發生了什麼事。」

然後，她把她溫暖的手放在他頭上，在他耳邊低聲說了一些魔法咒語。「睜開你的眼睛，」她說，很快眼睛開了。「你去游泳，」女神說，「水讓你高興嗎？」

「非常高興，真的。」

「水中的動物善待你嗎？」

「是的，當然。」他回答說，魔法使他忘記什麼奇怪的動物，把他拖到河底。

這男孩回到他的父親身邊。有一天，女神把這孩子和水裡的動物都叫來：「來，大家來，大的來，小的也來。」

「這是女神的聲音，」水中生物說，他們都開始以最快的速度游向她。

當他們都來到她的面前，她說，「你們當中有一個是殘忍邪惡的。你們當中有一人把男孩拖到河流的底部，那是我的朋友陸地的國王的兒子，但我已經使他安全地上岸，而現在他已回到他的家。當他再來時，每當他到他想去的廣大水域，你們願意看顧他嗎？」

「願意！願意！願意！願意！」水裡動物齊聲說。

「水，」女神問，「當我的朋友的兒子是我的客人的時候，你願意保持平靜嗎？」

「很樂意。」水回答說。

女神突然看見鱷魚躲在其他動物後面。「你會對小男孩仁慈，並讓他遠離傷害嗎？」女神問鱷魚。

就是這鱷魚把小男孩拖到河底的。他想說，「會，我會對小男孩仁慈。」但他不敢張開嘴，生怕露出他的得意相地說出口：「我做到了，我做到了。」所以他一句話也沒有說。

女神厲聲問，「你有沒有把國王的兒子拖到河底呢？」鱷魚仍然是不敢張開嘴，恐怕自

己忘形地脫口說出：「我做到了，我做到了。」

女神很生氣。她抽出很長的劍，說：「不會打開的嘴必須被強迫打開。」她用劍打了鱷魚的嘴。「哦，你看！」其他的動物說。鱷魚的嘴打開了，這是毫無疑問的，因為它已經拆分開來了，怕是他的口永遠也閉不起來了。

31 烏鴉如何幫助人類

烏鴉和老鷹是表親，他們本來是非常友好的，但每當他們一起討論到人類，就開始爭吵。

「人是懶惰的，」老鷹說，「想幫助他們是沒有用的。替他們做了越多，他們為自己做得就越少。」

「你飛得這麼高，」烏鴉說，「你看不到人類的工作有多麼艱難。我認為，我們鳥類，誰知道的比他們多，誰就應該幫助他們。」

「他們不工作，」老鷹叫道，「他們做了什麼事？我倒想知道。他們在地上走，食物生長在他們的窩巢旁邊。如果他們像我們一樣的在空中飛，不得不到處去獵捕食物，他們可能才會談到如何去努力。」

「所以我們才應該幫助他們，」烏鴉答道，「他們不能像我們一樣的飛上天空，他們看不到任何東西，除非食物來到他的身邊，他們如果必須一面跑一面捕捉食物，他們肯定會餓死的。他們真是可憐，懦弱的動物，連蜂鳥都知道許多人類從來沒有聽說過的事情。」

「你是一隻是可憐、懦弱的鳥，如果你真的認為你可以教好人類。他們餓了，就會吃，別的事他們都不知道該怎麼做。你瞧！應該去睡覺了，他們連這個都不知道。」

「沒有太陽，也沒有月亮，告訴他們是白天還是晚上，他們怎麼能知道這是夜晚呢？」

老鷹說：「就算是有兩個月亮，他們也不會去睡覺，你不是真正的兄長，如果你不能不理睬他們。」

因此，這兩隻鳥吵起來。幾乎每一次見面，他們總要為人類的事吵嘴，終於，每次老鷹開始飛翔在高空，烏鴉便臨地低飛。

現在老鷹有一個漂亮的女兒，她和烏鴉的兒子是好朋友，他們從來沒有過因人類而吵嘴。有一天，老鷹漂亮的女兒說，「烏鴉表哥，你是不是變得懦弱，不敢像以前一樣的高飛了？」

「我從來沒有懦弱過。」烏鴉大聲說。

「幾乎每一天，你都在地上。你會不會在空中高飛呢？」

「我當然會。」烏鴉回答說。

漂亮的鷹女兒說：「我父親的草屋裡，有一些奇怪的東西，我不知道那是什麼。那又不是吃的，我不明白它還有什麼用處。你來瞧瞧，好嗎？」

「你要我去哪裡，我就去哪裡。」烏鴉說。

老鷹的草屋遠在一座高山頂上，但兩隻鳥很快就飛到了，鷹的女兒展示出給烏鴉表哥看奇怪的東西。他知道它是什麼，他對自己說，「人類會得

到這些東西，而且他們會比飛鳥更聰明。」然後他問：「你的父親不是有一件神奇的斗篷嗎？」

「是的。」漂亮的鷹女兒回答說。

「我可以把它穿上嗎？」

「當然。」

烏鴉一穿上魔法斗篷，便抓住了奇怪的東西，並把它藏在斗篷裡面。然後說，「我漂亮的小表妹，我會回來告訴你在地球上人類的所有的事情。」

他的斗篷裡面有奇怪的東西，一個是太陽、一個是月亮。有幾百個幾千個明亮的星星，還有小溪，河流和瀑布，最重要的是——火，是一個珍貴寶物。烏鴉把太陽高高地掛在天上，月亮和星星，也在固定的地方掛著。他讓小溪從山側流瀉下來，並把火藏在岩石之間。

經過一段時間，人類發現所有這些珍貴的寶物。從此以後，人類知道什麼時候是晚上，到了天亮，他們學會了如何使用火。烏鴉不能像老鷹一樣在天空飛得高，但是他們和其他的鳥一樣的聰明。

植物的另類自然課

32 為什麼常青樹的葉子不會掉落

冬季即將來臨，鳥兒已經飛往遙遠的南方，那裡的空氣是溫暖的，他們能找到漿果吃。一隻小鳥兒斷了翅膀飛不起來，再也沒法與其他鳥同飛，單獨留在寒冷的霜雪的世界。森林看起來溫暖，小鳥來求樹幫助。

起先，他來到樺樹。「美麗的樺樹，」他說，「我的翅膀壞了，我的朋友們都飛走了。我可以住在你的樹枝，直到他們回到我這裡嗎？」

「當然不可以。」樺樹說著，遠遠拉開她美麗的綠葉。「我們的大森林有我們自己的鳥需要幫助。我沒有辦法幫你。」

「樺樹並不強壯，」小鳥對自己說，「它可能不大容易抱住我，我去

問橡樹。」因此，小鳥說，「大橡樹，你很強壯，你願意不願意讓我住在你的樹枝上，直到我的朋友們在春天回來嗎？」

「到春天！」橡樹說，「這一段時間是很長的，我怎麼知道你在這時間裡可能做什麼？鳥是一直在尋找東西吃的，你甚至可能會吃了一些我的橡子。」

「也許柳樹會對我親切些，」鳥心裡想，「溫柔的柳樹，我的翅膀壞了，我不能與其他鳥飛往南方。我住在你的樹枝直到春天，好嗎？」

柳樹看起來並不仁慈，因為他挺直了身子自豪地說：「事實上，我不認識你，我們柳樹不會對我們不認識的鳥兒說話。可能什麼其他地方有樹木，願意收留陌生的小鳥兒。快走開。」

可憐的小鳥兒不知道該怎麼辦。他的翅膀還不夠強壯，但他開始飛走，盡他所能地飛。往前飛走不多遠，傳來一個聲音。「小鳥，」他說，「你要去哪裡？」

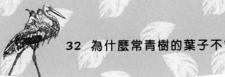

「事實上，我不知道，」鳥兒傷心地回答說，「我很冷。」

「那麼，到這裡來，」友好的雲杉樹叫，「你整個冬天都可以住在我最溫暖的樹枝，如果你願意的話。」

「你真的願意讓我這麼做嗎？」小鳥急切地問。

「事實上，我會，」善心的雲杉樹回答，「如果你的朋友都飛走了，這就是樹木幫助你的時候了。這裡是我的葉子最厚、最柔軟的樹枝。」

「我的樹枝，並不是很密，」友好的松樹說，「但我又大又壯，我可以

為你和雲杉頂住北風。」

「我也可以幫忙。」小刺柏樹說。「漫長的冬天我可以給你漿果，每隻鳥都知道，刺柏有漿果。」

因此，雲杉給一隻孤獨的小鳥一個家，松樹頂住寒冷的北風，杜松給他可以吃的漿果。

看著其他樹木明智地彼此談論。

「我不會有陌生的鳥在我的樹枝上。」樺木說。

「我不會讓出我的橡子。」橡樹說。

「我與陌生的鳥完全不相干。」柳樹說，三棵樹把葉子拉近。

夜間寒冷的北風來了，風觸及的每片葉子從樹上掉下來；早上，所有這些閃亮的綠葉躺在地上。

「我可以觸摸在森林的每一片葉子嗎？」風嬉笑地問。

「不可以，」霜凍王說，「只有仁慈對待斷了翅膀小鳥的樹，可以保留他們的葉子。」

這就是為什麼雲杉、松樹和刺柏的葉子，一年到頭都是綠色的。

33 為什麼白楊木的葉子會顫抖

「奇怪，」蘆葦低聲說，「蜂王從來沒有領引她的群蜂到白楊樹」。

「真的，這真是奇怪，」另一枝蘆葦說，「橡樹和柳樹經常有成群的蜂，但我從來沒有見過一個來到白楊樹。可能是什麼原因呢？」

「蜂王受不了白楊，」第一枝說。「很可能她有很好的理由輕視他。我不認為像她那麼明智的昆蟲，會沒有任何理由的看不起一棵樹。許多傷天害理的事在發生，誰知道。」

蘆葦以為沒有人可以聽到他們說什麼，但柳樹和白楊每個字都聽到了。白楊很生氣，從樹根到樹梢都顫抖，說：「我很快就會明白為什麼驕傲的蜂王看不起我，她應該引領蜂群到我的樹枝，或者——」

「哦，我不在乎那些蘆葦說的，」柳樹打岔，「他們是在世界上最饒舌的，成天一塊兒竊竊私語，他們經常有刻薄的話可以說。」

白楊樹氣得靜不下來，對蘆葦大叫，說：「你這個懶惰的多嘴婆。我不在乎你說什麼。我瞧不起你和你的蜂王。那些蜜蜂的蜂蜜不好吃，我不會讓它在我的旁邊。」

「噓——噓——，小聲，」柳樹怯生生地耳語。「蘆葦會學你說的每一個字。」

「我不在乎，如果他們這樣做，」白楊說，「我會看不起他們和蜜蜂的。」

蘆葦對蜂王低聲說了白楊說的氣話，她回說：「我本來打算來引導群峰到白楊群樹的，但現在我要將樹趕出森林。來吧，我的蜜蜂，來。」

然後幾百隻蜜蜂飛上白楊。他們刺了每一片葉子和每一枝樹枝，刺穿

又刺穿。那一棵樹從森林被驅逐，過了草原、溪河，又過了田野，憤怒的蜜蜂螫仍然跟著飛，一遍又一遍地螫。當他們到了岩石的地方就離開，飛回到花間，白楊樹沒有回來。明亮的綠色樹葉因恐懼而變白，從那天起，他們開始顫抖，就像被蜜蜂刺痛，驅逐出森林的時候一樣。

34 為什麼杜鵑會開花

地球形成以後沒有多久，草木花卉就生長起來。他們快樂又滿足。百合花很高興，因為她的花是白色的。玫瑰很滿足，因為她的花是紅色的。堇花是幸福的，雖然她羞澀地隱藏她自己，然而，人們不斷地來尋找她，讚美她的芬芳。菊花是最幸福的，因為在世界上的每一個孩子都愛她。

樹木和花草選定了自己的家園。橡樹說，「我將生活在廣闊野外的路旁，旅客可以坐在我的蔽蔭下。」

「在池塘的水面上，我很稱心如意。」睡蓮說。

「在陽光明媚的地方，我感到心滿意足。」菊花說。

「我的芳香需從長滿青苔的石頭旁邊薰出來。」堇花說。

每株花草都選擇了能使他們最快樂和滿足的地方為家。

然而，有一株小灌木，沒有說一句話，也沒有選擇家園。這株花卉就是杜鵑。她沒有紫羅蘭的香味，孩子們不像愛菊花一樣的愛她。原因是花神沒有賜給她開花的權利，她怕羞得不敢要求。

「我希望有人會很高興見到我。」她說，但她是一個勇敢的小草，她盡力做到能心滿意足，而且看起來明亮透綠。

有一天，她聽到山說：「親愛的花草樹木，你們會不會來到我的岩石的地方，以鮮明和美麗的顏色覆蓋它們嗎？冬天，他們冷，夏季陽光刺痛他們。你們不來覆蓋他們嗎？」

「我不能離開池塘。」睡蓮叫道。

「我不能離開苔。」堇花說。

「我不能離開綠色的田野。」菊花說。

小杜鵑真的急切得顫抖。「只要偉大、美麗的山丘，肯讓我來。」她想，最後她羞澀細聲地說：「親愛的山，你能讓我來做嗎？我不如其他花草樹木一樣綻開花朵，但我會嘗試，為你擋遮寒風和掩蔽陽光。」

「讓你嗎？」山說，「像你這樣一個可愛的小樹叢，到我這裡來，我會稱心和幸福的。」

杜鵑很快地以她明亮的綠色覆蓋了多岩的山側，山自豪地對其他樹木花草宣布說：「看我的小杜鵑是多麼美麗！」大家都回答說：「是的，她是鮮明的、綠色的，但她不開花。」

這個時候，聽到一個甜美、和氣的聲音說：「小杜鵑，你會開花。你會開很多很多的花，因為你愛偏僻的山村，盡你所能的做一切讓他高興，使他快樂。」甜美的聲音尚未完了，小杜鵑花樹呈現了有許多鮮美的花朵，從那天起，杜鵑會開花了。

35 亞麻是如何被賞賜給人類的

「你已經上山很長一段時間了。」獵人的妻子說。

獵人回答說：「是的，我的好妻子，我看到了世界上所有最奇妙的景觀。」

「那是怎樣的？」

「我來到山上一個我常來的地方，岩石上開了一個大洞，通過孔洞，我看到了——哦，親愛的，這的確是一個美妙的景象！」

「到底是什麼？我的獵人。」

「一個很大的大廳，裡面閃耀著晶瑩發亮的寶石。有鑽石、珍珠、寶石，比我們的小房子所能容得下的還多，所有美麗的色彩當中坐著一個比那些更美麗的女人。一群少女在她的身邊，大廳因她的美麗和那些寶石，顯得更明亮。一個人在彈奏豎琴，唱歌，另外還有一些人輕盈歡快地跳舞，好像是明媚陽光中的鮮花。那個女人比少女更美麗，我一看到她，就知道她不是凡間的女人。」

「你沒有下跪，求她待我們好嗎？」

「有，我的太太，她直截地說：『起來，我的朋友，我有一樣禮物送

給你，選擇一個算是后達送給你妻子的禮物。』」

「你有沒有選擇珍珠或鑽石？」

「我看著那個地方，一切都是燦燦發光的，我閉上了眼睛，她對我說：『選擇你的禮物。』我看著她的臉，我知道了她確實是女神后達，天上的女王。我看著她的時候，沒想到寶石，她的眼睛比鑽石更為耀眼，我說：『哦！后達女神，在你神聖的大廳，沒有一樣比得上在你純白手中的小藍花，更使我想拿回家去的。』」

「嗯——」妻子哭了，「你本來可能得到一半的珍珠和紅寶石、綠寶石的地方，你竟選擇了一個褪色的小藍花！我還以為你是一個明智的人。」

「女神說我選擇對了，」獵人說，「她給我花和種子，並且說：『當春天來的時候，撒下種子；夏天，我親自來教你植物做什麼用。』」

春天小種子撒在地上，不久便萌出綠葉，然後許多的小藍花，有如在夏季溫暖的陽光下，藍色的天空舉起他們的頭，仰望著太陽。世界上，沒有人知道如何紡織，但一個陽光燦爛的夏天，女神后達從山上，來到小房子。

「你能紡麻紗嗎？」她問妻子。

「老實說，我不會。」妻子說。

「你能織麻嗎？」

「老實說，我不會。」

「那麼，我教你如何紡織，」善良的女神說：「小藍花是亞麻，這是我的花，我喜歡看著它。」

因此，女神坐在獵人和他妻子的家裡，教他們如何將亞麻紡紗織布。當妻子看到了一塊亞麻布在草地上，經過日照，越發明亮潔白起來，她對丈夫說，「我的獵人，事實上，亞麻是比珍珠更美麗的，我寧可有陽光下的草地上美麗的白色亞麻，也不要在女神大廳裡的所有鑽石。」

36 為什麼刺柏擁有漿果

草地上酸果蔓的三個小莓果住在一起，她們是姐妹，但她們長得都不像，一個是白色的，一個是紅色的，一個是綠色的。冬天來了，冷風吹襲，「我希望我們的住得更靠近棚屋，」白色的小莓果膽怯地說，「我怕熊會來，我們怎麼辦？」

「棚屋的女人和我們一樣的害怕，」紅莓果說。「我聽見他們說，他們希望男人們趕快從狩獵中回來。」

「我們可能會躲藏在樹林裡。」綠莓果低聲說。

「但——『唬』，熊會沿著小路穿過樹林。」白莓果回答說。

「我認為我們自己的草地是最好的地方，」紅莓果說，「我不離開草地。我會躲藏在這青苔裡。」

「我很白，」白莓果哭著說，「我知道『唬』會看見我。我隱藏在玉蜀黍裡面，他和我一樣的白。」

「我不能躲在玉蜀黍裡，」綠莓果說，「但是我有一個很好的朋友在樹林裡。我要請求刺柏樹隱藏我。你願跟我一起去嗎？」但紅莓果想最好還是留在青苔這裡，而白莓果認為它最好隱藏在玉蜀黍裡，所以綠莓果不得不獨自前往友好的刺柏樹。

不久聽到了咆哮的聲音，很快「唬」就會在眼前。他一遍又一遍的走在藏著紅莓果的苔蘚上面。然後，他到棚屋裡去。玉蜀黍站在那裡，白色的酸果蔓顫抖得她無法保持鎮定。

「唉，唉，有什麼好玉蜀黍！」「唬」說，頃刻之間，他已經吃了起來，白色莓果和所有的紅色莓果。

現在，紅酸果蔓被吃下了，白酸果蔓也被吃下了，但綠酸果蔓躲藏在刺柏樹厚厚的樹枝，「唬」沒有找到她。綠酸果蔓與善良的樹一起很快樂，從來沒有想離開它，那就是為什麼刺柏樹有漿果的原因。

37 第一朵雪花蓮的故事

一個老人獨自坐在他的屋裡，屋裡黑暗、陰沉，充滿陰影。老人不在乎陰影或黑暗，他只是在想他所做過的偉大的作為。「世界上找不到做了有像我這樣多的人。」他喃喃地說，不知不覺地大聲說出來。在房屋外面一個聲音打斷了他。「是誰？」老人自言自語，「誰這麼大膽，敢打斷我的話？我已經告訴了所有的萬物要靜止的。聽起來像水域的碧波蕩漾，我已經告訴水域，要在床上安靜。又來了，像是鳥的歌唱，我也已經打發了鳥類到遙遠的南方。」

有人開門進來。是一個金色捲髮和紅潤臉龐的青年。

「是誰說你可以進來的？」老人喃喃地說。

「不正是你嗎？」年輕人回以一個快樂的微笑，問道：「我真的是不請自來，但是，你知道每一個人都很高興見到我，而——」

「我並不喜歡見到你。」老人打斷他的話。

「關於你的事蹟，我聽到很多傳言，」年輕人說，「我來看看這些故事是不是真的。」

「事蹟比傳說更真實，」老人喃喃地說，「故事永遠不夠偉大，沒有人能詳述我曾經做過的奇妙事情。」

「那是什麼呢？」年輕人認真地問，但在他的眼中的閃爍，會使人想到一個快樂的小波浪在陽光的照射下閃閃發光，「讓我們看看是你還是我，說得出來偉大的故事。」

「我可以向河流送出一口氣，便使它轉化為冰。」老人說。

「我可以在冰上呼氣，便使冰變為河。」年輕人說。

「我可以對水說：『站住』，它就不敢挑起。」

「我可以說：『不要停』，它便會流，潺潺地從山側流下。」

「我搖搖我的白頭，」老人說，「白雪便覆蓋了大地。」

「我擺擺我的捲髮，」年輕人說，「金光閃耀空氣中，不一會兒，雪都化了。」

「我對鳥說：『別唱了，走開！』他們就展開翅膀，遠飛而去。」

「我說，『小鳥兒，回來！』一會兒，他們又回來了，甜美的歌聲唱給我聽。」

「沒有人可以數得清葉子有多少，」老人說，「但是我冰冷的手在樹上觸摸，或是寒冷的氣息吹在他們身上，他們便會恐懼和顫抖地落在地上。我所作所為的傳言，也一樣的偉大嗎？」

年輕人嚴肅地回答，但他的聲音裡帶著笑意，「我從來沒有看到任何的樹葉掉落在地上，當我出現的時候，他們都是呈現綠色盎然，因我的到來歡樂地顫抖著。」

於是兩人聊了一整夜。晨間到來，老人出現疲倦，但年輕人卻越發精神抖擻，沒有倦容。朗朗晴天，年輕人轉身，打開了門。樹枝棲滿了雀鳥，他們看見他的時候，唱道：「啊，美麗的春天！很高興再見到你的容貌。」

「我親愛的鳥兒！」春天大聲叫。他轉身要說再見，但老人走了，他站的地方，只有雪花。但是，那是雪花嗎？他看了又看，那是小的白色雪花蓮，春天的第一朵花——唯一能使人記得的冬天花朵。

大地的另類自然課

38 火是怎麼被帶來給印第安人的

啊！多麼寒冷啊！風吹落了樹葉，霜的精靈隱藏在每一棵樹的北面，刺痛了森林裡每一個前來的動物。雪仍下著，直到地面全變成白色。透過雪花可以看到太陽，但太陽看起來冷冷的，因為它沒有清朗、明亮的黃色，看來就像白色的月亮一樣。

印第安人用斗篷把他們的身子包裹得更緊，因為他們沒有火。「我們怎樣才能得到火呢？」他們問，但沒有人能回答。

地上只有兩個老婦人的棚屋裡有火，她們不喜歡印第安人。「他們不能有火。」老婦人說，兩人無論白天黑夜都看守著，因此沒有人可以得到火種。

最後，一個年輕的印第安人對大家說：「沒有人能得到火，我們要找動物來幫助我們。」

「有那兩個老婦人看守著，什麼野獸、什麼鳥可以得到火種呢？」大家只有搖頭嘆氣。

這時候，有一個人說：「熊可能可以得到火。」大家也都提出意見來。

「不，熊跑得不快。」

「鹿很能跑。」

「他的犄角進不了棚屋的門。」

「烏鴉可以通過門。」

「烏鴉的羽毛是被火煙燻黑的，現在他不願靠近火源。」

「蛇從來沒有在火煙中。」

「對，不過他不是我們的朋友，不會為我們做任何事情。」

年輕人說：「那麼，我去問狼。狼可以跑，沒有鹿角，狼從來沒有在煙霧中。」

所以年輕人去找狼，他大聲呼叫，「狼啊我的朋友，如果你能得到火種給我們，我會每天帶給你一些食物的。」

「好，我可以做得到，」狼說，「去老婦人家，躲在一棵樹後面，當你聽到我咳嗽三次，你就做出一個響亮的戰爭吶喊聲。」

印第安人村的附近有一個池塘。在池塘裡有青蛙，池塘的附近住著松鼠、蝙蝠、熊和鹿。狼大聲喊：「青蛙，你躲在池塘的蘆葦裡；松鼠，你到從池塘到兩個老婦人棚屋的路徑兩旁邊的灌木

叢去；蝙蝠，飛入陰影中，如果你想睡就睡，但不要閉起眼睛；熊，待在巨大的岩石後面不要動，直到我通知你可以動作；鹿，保持不動如山，直到有事情發生。」

然後狼去那兩個老婦人的棚屋。在門口，他咳嗽了一聲，一個老婦人說，「狼，進來吧，你可以靠近火。」

狼走進棚屋，咳嗽了三次，印第安人做出戰爭的吶喊。兩個老婦人迅速地從棚屋跑出來進入森林，看看發生了什麼事，狼藉這個機會從火中引了一個火把跑了。

當兩個老婦人看到狼的火把，非常生氣，立刻追著他。

「抓住它，快跑！」狼喊，把火把拋給鹿。鹿抓住火把跑了。

「抓住它，快跑！」鹿大聲喊，把火把投向熊。熊抓住它跑了。

「抓住它，快飛！」熊叫，他把火把投給蝙蝠。蝙蝠抓住了它，在天上飛得很高。

「抓住它，快跑！」蝙蝠嚷，把火把投給松鼠。松鼠抓住它就跑了。

「哦，蛇啊！」兩個老婦人，「你不是印第安人的朋友，幫助我們吧，從松鼠那邊拿走火把吧！」

松鼠快速在地上跑，蛇跳起來，想抓住火把。蛇沒有拿到火把，但是煙跑進松鼠的鼻孔，使他不斷咳嗽。松鼠不會放棄火把，一直不斷的跑，直到他可以把火把交給青蛙。

當青蛙接了火把以後，松鼠才想到了自己，他發現他美麗的濃密尾巴不再是直的了，火使它變得捲曲貼在背上。

「不要難過了。」年輕的印第安人隔著池塘說。「每次印第安人看到蜷縮尾巴在他背上的松鼠，都會拋給他一個堅果。」

火把一直在燃燒著，青蛙以最快的速度跳入池塘，兩個老婦人在後面追，當他來到河邊時，其中一人抓住他的尾巴。

「我抓到他了！」她喊。

「不要讓他跑掉！」另外一個老婦人叫。

「不，我不會。」第一個老婦人說，她沒放手，但小青蛙掙脫了，潛入水中。他的尾巴還在老婦人的手中，但火把是安全的，他迅速地過了池塘。

「在這裡——」青蛙說。

「在哪裡？」年輕的印第安人問道。青蛙咳嗽了一聲，火把從他口中出來。火很小，因為它已經燃燒了這麼長的時間，但它引燃了樹葉和樹枝，很快印第安人有了溫暖。他們在火焰周圍唱歌、跳舞。

起初青蛙很傷心，他為失去了自己的尾巴而難過；但不久他和跳舞的人一樣快樂，年輕的印第安人說：「小青蛙，你一直是我們的好朋友，只要我們生活在地上，我們絕不會對沒有尾巴的青蛙扔石頭。」

39 馬尼托神的面容

很多年前，印第安人信奉的馬尼托神住在陽光下。

每天早上，部落智者來到一座山的頂巔，太陽在東部升起來的時候，他們唱道：「我們讚美你，哦，太陽！火和光從你而來。我們依賴你生存，我們依賴你生存。」

溫暖的夏天來了以後，太陽是如此明亮，印第安人對他們的智者說，「當你到山頂去，求馬尼托神以更溫柔、和緩的光，向我們顯示他的臉。」

智者到了山頂，他們這樣說：「啊，偉大的馬尼托神，在你的面前，我們只是孩子，我們承擔不起你的臉的亮度。當你向下俯視，看望我們的時候，用溫柔、和緩的光吧！這樣，我們可以永遠注視著你，告訴你所有的愛和所有的光榮。」

燦爛的陽光慢慢向西移。人們害怕馬尼托向他們發怒，但是當月亮升起來了，他們不再悲傷，因為從月亮，馬尼托愛的面容，在看望他們。

一夜又一夜的，人凝望著溫柔的臉，但在最後一個晚上，沒有看到月亮在天上。智者悲痛的心情來到山頂。「哦，馬尼托，」他們說，「我們從來沒有開心的時候，我們不能眺望你的臉面。你不再顯露你的面容給你的孩子了嗎？」

月亮沒有上升，人們感到難過，但到了早上，馬尼托清楚地顯示在山頂的岩石，他的慈愛的臉。

他們又恢復快樂了，但是當烏雲隱藏了溫柔的臉，智者到山腳下，悲傷地呼求：「哦，馬尼托，我們再也看不到你的臉了。」

雲變得更暗，像斗篷覆蓋了山，樹木在風中顫抖，叉狀閃電劃過天

空，雷聲轟隆。

「這是憤怒的馬尼托，」人們這麼說，「天掉下來了。」他們恐懼地遮掩著臉，低聲說。

清晨，風暴過去了，天高雲淡。人們顫抖地仰望著高山，求得一顧馬尼托的臉面，他不存在，但他們悲傷地仰視了許久，一個智者喊道：「就在那兒，沒有雲將它隱藏的地方。」在風暴中，岩石從山頂上落下，落到山側的半中腰，他們可以看到，馬尼托的面容。

於是人們說：「讚美愛我們的馬尼托！他那愛的臉面，從山的另一邊永遠眷顧我們。」

很長一段時間，一切都進展順利，但在最後的麻煩來了，因為他們聽說，一個強大的部落起兵要來殺他們。「幫助我們吧，親愛的馬尼托，」他們哭了，但他們沒有得到救援。敵人越來越近了。他們傳來戰爭的吶喊，「哦，馬尼托，」人們叫喊，「求你幫助我們，幫助我們吧！」一個聲音從山回答說：「我的孩子們，不要害怕。」戰爭的叫囂吶喊停止了，也看不到敵人了。他們巡視周圍的一切，最後智者喊出來：「他們在那裡，他們在那裡！」

敵人仍在山腳下，但人們不再擔心他們，現在他們不是勇士或士兵，他們都變成了岩石。為了阻止傷害他所愛的，馬尼托使敵人勇士變成了石頭。他們站在山腳下，如果你去那遙遠的鄉村，你可以看到曾經是戰士的岩石，在他們之上，半山腰的一側，你可以看到馬尼托的面容。

40 第一顆鑽石的故事

一個印第安部落的酋長，他有兩個非常疼愛的兒子。這個酋長與另外一個部落在戰爭，在一個漆黑的夜晚，敵人悄悄地穿過樹林，來到這兩個男孩躺著呼呼大睡的地方。敵人的勇士抓住了年幼的那個男孩，將他輕輕地提起，帶他遠離他的家庭和他的朋友們。

酋長醒來時，他哭了：「我的孩子在哪裡？敵人來到這裡，偷了我的兒子。」

印第安人部落所有的人開始搜尋被帶走的那個男孩。他們深入森林，也找不到失竊的孩子。

這位酋長為他的兒子哀傷了多年，當他快去世時，對妻子說：「莫尼塔，我的部落沒有酋長，除非我的孩子從敵人手中找回來。讓我們大兒子出去尋找他的弟弟，直到他帶回來小傢伙之前，由你統治我的人民。」

莫尼塔明智又親切地統治部落。當大兒子長大了，她對兒子說，「我的兒子，去找回你的弟弟，我為他哀傷了許多年。每天我都會守望你，每天晚上我會在山頂上起火。」

「不要悲傷，母親，」年輕人說。「你不會在山頂上起火多少個夜晚的，我會很快找回我的弟弟，將他帶回來交給你。」

他勇敢的出去了，但他再也沒有回來。他的母親每天晚上都到山頂去，到她老了，走不動了，由部落的年輕男子強壯的手臂，把她抬到山的另一邊，如此，用她自己的顫抖的手，她可以點火。

一天晚上，有一個巨大的風暴。連勇敢的戰士也害怕，但莫尼塔沒有恐懼，從風暴中出來了一個溫柔的聲音對她說，「莫尼塔，你的兒子們將會回到你的身邊。」

「我必須再在山頂上起火。」她哭了。年輕男子顫抖，但他們仍把她帶到山頂。

「讓我一個人在這兒，」她說，「我聽到一個聲音，這是我兒子的聲音，他叫：『媽媽，媽媽。』到我這裡來，來，我的孩子們。」

在暴風雨中慢慢上山的是大兒子。年紀小的回家的路上就死了，他倒下，死在他哥哥的懷抱。

早上部落的男人到山頂上找莫尼塔和她的兒

子。沒有人找到他們，但是孤獨的母親眼淚落下的地方，有一些從未見過的亮晶晶的東西。眼淚閃耀在陽光的照射下，每一滴每一粒就像是一個小太陽。事實上，他們不再是眼淚了，而是鑽石。

在這世上所有最親愛的東西，就是母親愛的淚水。鑽石是淚水造成的，是世界上最晶亮和最清晰的石頭。

41 第一粒珍珠的故事

從前有一個人名叫儒內亞，當他沿著小徑走入森林，孩子們會畏縮地對別的孩子說：「你看，這就是常聽到音樂的那個人。」

這是真的，無論到哪裡，他都能聽到悅耳的音樂。有的音樂，每個人都可以聽到，但儒內亞聽到的甜美聲音，別的人都聽不見。當百合花唱給明星的夜曲，他能聽到；樹媽媽對小綠葉低聲說「晚安」的時候，他聽到她的低吟聲，雖然同時別人聽不到一點聲音。

他覺得對不起那些人，他對自己說，「我要做一個豎琴，那麼，即使聽不見所有的音樂，他們也會聽到豎琴的甜美聲音。」

這一定是一個神奇的豎琴，因為如果別的人觸摸，不會有聲音出來，但當儒內亞觸動了琴絃的時候，樹木會彎曲它的枝翼，小花朵會羞澀地探出頭來側耳傾聽，連風都是靜止的。當他彈奏豎琴，所有的飛禽走獸都圍在他的四周，太陽和月亮靜靜地掛在天上，欣賞美妙的音樂。每當儒內亞觸動了琴絃，所有美妙的事情都會發生。

儒內亞的音樂有時是悲傷的，太陽和月亮會把臉躲藏在雲層後面，風吟唱悲淒的歌聲，百合花彎下雪白色的花朵。

有一天，儒內亞漫遊到遠處，來到海

邊的沙灘上。太陽已經落山了，藍空碧水隱藏在夜色中，星星也無影無蹤；四界寂靜無聲，除了海的哭嚎；附近沒有任何朋友。「我沒有朋友。」他說。他把手放在豎琴，起先琴絃輕輕地，羞答答地發出甜美的聲音，然後聲音越來越響亮，很快世界充滿了音樂，甚至有的是連儒內亞也從來沒有聽過的，因為他是音樂之神。「這是真實的，」他自言自語，「我的琴聲驅走了我的悲傷。」

他聽著，豎琴奏出的音樂越發濃情蜜意，豎琴對他唱：「有豎琴的人，就有真正的朋友；熱愛音樂的人，就為神所喜愛。」

儒內亞熱淚盈眶，但他們是幸福的眼淚，沒有悲傷，因為他不再寂寞。一個溫柔的聲音，「儒內亞，到神的家來吧。」

夜更深了，夜幕覆沒了大海，儒內亞的朋友去尋找他。他已經走了，但是，他快樂地站在聆聽神的音樂的地方，美麗白色沙灘上立著豎琴，而躺在周圍的是美麗的珍珠，反映著月光的光華，每滴眼淚是一粒幸福的珍珠。

42 第一顆祖母綠的故事

在很久以前，世界上沒有綠寶石，只知道在哪裡可以找到其他寶石。他們可以得到珍珠和鑽石，但從來沒有人見過綠剛玉，因為綠寶石被隱藏在海床，在很深的海浪下面。

印度王有許多珍貴的東西，他總是渴望得到其他的。有一天，一個陌生人站在他的門前，說：「王啊，你有很多東西是珍貴的。你想擁有在世界上水、陸、空當中最美麗的東西嗎？」

「說實話，我想，」國王說，「那是什麼東西？」

「這是一個綠剛玉的花瓶。」陌生人回答。

「什麼是綠剛玉？」國王問。

「這是世界上從來沒有人見過的一塊石頭，」陌生人說，「比大海的水波，或林中的樹葉還更綠。」

「是美妙的花瓶？」王急切地叫道。

「海浪從來沒有推出這樣的東西。」他回答，但是當國王問那是什麼地方的時候，那個陌生人也不見了。

國王問他的三個智者，那個從來沒有捲起海浪的地方在哪裡。一個說：「在森林裡，」另一個人說：「在山上，」最後一個說：「在大海裡水最深的地方。」

對於這些智者的答案，國王想了很久。最後他說：「如果綠剛玉在森林中或在山上，早就會被發現了。我認為是在最深的海底。」

這個印度王是一個大巫師。他去到了大海，在那裡，他唱了許多神奇的歌曲，因為他對自己說，「我沒有潛水員可以到海床，但往往巫術能做到潛水員做不到的。」

海底世界之王擁有美麗的花瓶，但是當他聽到歌曲時，他知道他必須放棄它。「拿去吧，」他對住在最深處的水神說，「拿去給印度王，空氣的神靈會想把它從你拿走，但從海的神力會使它安全地到達印度王手裡。」

海的神靈承托著珍貴的花瓶，從波瀾升起。

空氣之神叫道：「這是我們的，花瓶是我們的，印度王不能擁有它。」空氣之神和水神起了戰爭。「多麼可怕的風暴！」地上的人哭了。「看電光閃閃，聽雷聲隆隆！」他們恐懼地躲藏起來，但是他們怕的不是風暴，而是怕神靈為寶石花瓶的戰鬥。

空氣之神最後遠遠地高於最高山峰之頂，說：「這是我的。」

「不是你的。」水神說，他抓住了花瓶，憤怒地把它對岩石山頂拋擲，花瓶跌破成幾百塊。

在全世界沒有這樣的花瓶，所以印度王從未擁有過綠剛玉，現在世界上的祖母綠是從那個對山拋出的花瓶的碎片來的。

43 海裡為什麼有鹽

北國的國王弗洛狄。有幾個神奇的石磨。別的石磨磨玉米，但這幾個神奇的石磨，想磨出什麼，就磨出來什麼，只要他知道怎樣使它轉動。弗洛狄試了又試，但都沒法子使石磨轉動。

「哦，只要我能推動磨子，」他大聲說，「我會為我的人民碾出這麼多好東西，人民會快樂且富有。」

有一天，有人向國王弗洛狄報告，他看到兩個陌生的女人，在門口乞討。

「讓她們進來。」他說，她們被帶到國王面前。

「我們來自很遠的地方。」她們說。

「我怎樣能幫助兩位呢？」國王問。

「我們是來為國王效力的。」女人回答說。

「我所希望的，只有一件事，」國王說，「那就是讓神奇的石磨能磨，但你們做不到這一點。」

「為什麼做不到呢？」女人問。「這正是我們來的目的。這就是為什麼我們站在你的門口，懇求能夠對你說話。」

王的確是一個快樂的人。「把磨子拿來，」他喊道：「快，快！不要閒著。」磨子被拿來了，女人問，「我們要為你磨出什麼呢？」

「為我的人民磨出黃金和幸福。」王叫道。

婦女摸了神奇的石磨，石磨真的開始磨了！「黃金和幸福，給人民百姓，」婦女異口同聲地說道，「這些都是良好的祝願。」

黃澄澄的金子，弗洛狄王不願讓它走出他的視線範圍。「磨，」他對婦女說，「磨快一點，如果你們不願磨的話，你們為什麼要到我的門口？」

「我們疲倦了。」女人說。「難道你不讓我們休息嗎？」

「你們可以休息，只要說『弗洛狄』，」國王說道，「僅此而已，現在你們已經休息了，去磨，快去磨，任何人當他在磨出黃金的時候，都不應感到厭倦。」

「他是一個邪惡的國王，」女人說。「我們不再為他磨石磨了。磨，研磨出成百上千強壯的戰士，打擊弗洛狄，並懲罰他，因為他說了殘酷的話。」

石磨磨的速度越來越快。好幾百名戰士跳了出來，他們殺了弗洛狄和他的手下。

「現在我是王。」最強的戰士叫道。他把兩個女人和神奇的石磨放在一艘船上，送到遙遠的地方去。「磨吧，研吧！」他叫那兩個女人。

「我們感到非常的疲倦。請讓我們休息吧！」她們懇求道。

「休息？不，繼續磨，繼續磨。如果你們不能磨別的，就磨鹽吧！」

夜幕降臨，疲憊的婦女仍然在研磨，「難道你不讓我們休息嗎？」她們問。

「不！」殘酷的戰士叫道。「繼續磨，即使船沉到海底。」婦女磨鹽，不久，船沉了，連那個殘酷的戰士也在一起。海底的兩個石磨在磨出鹽，沒有人叫石磨停止，不要再磨鹽了。這就是為什麼海裡有鹽的原因。

44 花瓶上的故事

一個美麗的花瓶上有圖畫，是一個女神將蛟龍化成島嶼的故事。當日本的孩子說，「媽媽，告訴我們花瓶上瓷繪的故事——」這時母親會說：

「古時候，有一個海的女神，深得日本老少的敬愛。她經常在日落時分從水裡出來，所有明亮的顏色在天空中的時候，她會坐在一個高高的岩石上望著水，給孩子講故事。這些故事多麼精彩！她告訴孩子們，游來游去穿梭在岩石間和蘚類植物的所有奇怪的魚，和住在海波下面海底深處的美麗姑娘的故事。孩子們會問，『海裡有孩子嗎？為什麼他們從來不出來和我們一起玩呢？』女神會回答說：『他們會來的，只要你們有耐心地等待。』孩子們希望有一天，他們真的會來。

「女神會唱歌給孩子聽，她的聲音是如此甜美，夜晚的星星會站在天空靜靜地聽她唱歌。『請告訴我們水面如何上升和下降，』孩子們求她，她會撐起一塊神奇的石頭，並說：『水，漲起來！』海浪就會速度越來越快的來到岩石的周

圍。當她放下石頭，說：「水，退下去！」波浪平靜了，水會迅速滾回到深海。她也是風暴及海的女神，有時孩子們會說，「親愛的女神，請給我們一個風暴。」他們求什麼，她從來沒有不答應的，所以雨水會下降，電閃光暈和雷爆聲響。滂沱大雨，女神是不會讓它走近孩子們的；霹靂雷電，他們從來不怕，因為雷電是遠遠高於他們的頭，他們知道，女神不會讓它降下來。

「這些都是快樂的時光，但有些事情是不愉快的。女神的海中動物當中，有一個是龍，經常在靠近岸邊的水裡。孩子們從來沒有想到海裡的動物是可怕的，但有一天，殘酷的龍捉住一個小孩子用嘴咬著，一會兒，他把孩子吃了下去。日本陸地上的人都很悲傷。他們流淚、哀號。『哦！女神啊！』人都哭了，『到我們這裡來！懲罰那邪惡的龍吧！懲治那邪惡的龍吧！』

「女神很生氣，這個動物不應該傷害小孩子，她大聲叫：『龍，到我這裡來。』龍立刻來了，它不敢不聽從。女神接著說，「你永遠不會再歡快地在水中和幸福的海動物一起玩耍。你會變成一個岩石島。你會長出樹木和植物，經過多年以後，人們不會記得你曾經是動物。

「龍發現他再也無法動彈，他試過了，因為他變成了岩石。樹木和植物生長在他的背上。它是一個島嶼，當人們看著它，他們說，『這個島嶼從前是一隻邪惡的龍。』海上的孩子和陸地的孩子經常去那島嶼，在那裡，他們在一起過了非常快樂的時光。」

孩子們看著花瓶上，女神使龍變成一個島的繪畫，這就是母親講給孩子聽的故事。但是，當孩子問：「媽媽，我們能不能去島上和海的孩子玩呢？」母親會回答說：「哦，這是很久很久以前的事，沒有人知道現在這個島在哪裡。」

45

為什麼河流的水從不靜止

很久很久以前的日子，各種稀奇古怪的事情發生，但最奇怪的也許是，照顧孩子們的保姆不是女人，而是小溪和河流。兒童和小溪在一起到處跑，小溪和河流從來沒不會說：「睡覺的時候到了，上床去！」因為他們和兒童一樣的貪玩，也許還更甚。有時候，小溪跑在前頭，孩子跟著。有的時候，孩子跑第一，小溪緊隨其後。當然，如果任何動物走近了，會傷害孩子，照顧他們的小溪或河流迅速包圍在孩子的周圍而流，讓他們站在一個小島上，使他們安全而不受傷害。

有一次，有兩個小男孩，是國王的兒子。當孩子們長大到能到處跑，

國王召喚河流和小溪來到他的面前。他們樂意歡欣地來了，因為他們想一定是一件好事；果然是好事，只是沒有人會想到是如此充滿嬉戲、玩樂的事。

「我叫你們，」國王說，「為的是我要把兩個小兒子交給你照顧。他們喜歡這樣的跑來跑去，一個保姆不夠照顧他們，當然他們也要有更多的玩伴，這樣也會使他們快樂。所以，我覺得最好隨時要去查看每一條河、每一條小溪，不要讓孩子受傷或走失。」

「我們將有國王的兒子，做我們的玩伴！」河流小聲地說。「從來沒有這麼好玩的事發生在我們身上。」

但國王繼續說，「如果你們保持我的孩子的安全，並密切地跟隨他們，擔保他們不會丟失，那麼你們的願望，我會賞賜給你們，但如果我發現你忘記了他們，一時半刻，他們若是丟失或受傷，那麼你們會受到懲罰，因為沒有河流被處罰過的。」

河流，甚至最愛鬧的小小溪沉默了片刻。然後，他們齊聲說：「王啊，我們會很乖的。沒有比我們更好的保母照顧你的兒子的。」

起初一切順利，並有快樂的時光，他們被認為是最好的玩伴。可是有一天，陽光明媚又溫暖，孩子跑得比誰都快，甚至比小溪還快，還遠，小溪跟不上他們。河流從來沒有厭倦過，但在這溫馨的日子裡，河流陸續地來，他們安靜下來的時候，有一條河抱怨：「我跟著孩子，跑得比哪一條河都遠。」

另一個說：「也許你是，但我一直在跑上跑下，一圈又一圈的，直到我已經忘記了這應該是安靜的。」

還有一個說：「我已經跑足夠長的時間，我不要再跑了。」

一條小溪說：「如果我是一條大的河流，也許我可以跑得更遠。」

大河說：「如果我是一條小溪，當然，我可以跑得更遠。」

他們談話時，一天過去了。夜幕降臨前，他們知道，都找不到男孩了。

「我的兒子在哪裡？」國王叫道。

「說實話，我們不知道。」小溪回答說。小溪和河流恐懼地面面相覷。

「你們已經丟失了我的孩子，」國王說，「如果你找不到他們，你會受到懲罰。快去找他們。」

「請幫助我們。」河流求樹木和花草，所有生物都開始尋找失蹤的男孩。樹木認為：「也許他們在地下。」他們把自己的根伸入到很深的地下。

「也許他們是在東部地區。」一隻動物說，於是他去了東部。

「他們可能是在山上。」一株花草說，所以它爬上山頂。

「他們可能是在村子裡。」還有一個說，匍匐地爬到人類的家園附近。

許多年過去了。國王心碎了，但他知道這是沒有用的，不再搜尋了，悲哀地大叫一聲：「不要再找了，讓每個植物和動物都回家去。已悄悄爬上山頂上的小植物，應留在山頂上，伸進地下的樹根留在地下。江河——」

最後，王停了下來，河流顫抖著。他們知道，他們將受到懲罰，但會是什麼懲罰呢？國王看著他們。「至於你，河流和小溪，」他宣布說，

「看顧我的孩子們是你的責任，應該要找到。其餘的植物和樹木，都能幸福地生活在自己的家園，但你們要永遠尋找我丟失的男孩，永遠不會有一個定居的家。」

於是，從那天起河流就去尋找失蹤的孩子。他們從沒停止過，困擾地往別的地方流，最後都分散了。

46 天空和大地的故事

天和地本來是非常接近的，地上本來也沒有陽光。沒有樹木生長，沒有花開，水不清澈，明亮。地不知道還有別的生活方式，所以沒有抱怨。

不久，天和地有了一個兒子，叫做亮晶晶。亮晶晶小的時候，做了一個夢，便告訴地說：「地母啊，我做了一個夢，遠在我們之上的天空，有一個亮光，它能使你滿面春風，我從來沒有看見過你如此的美麗。那是什麼光呢？」

「我不知道，我的亮晶晶，」她回答說，「這裡除了天和地，什麼也沒有。」

經過很長很長的時間，亮晶晶長大成年了，有一天，他仰望天空，說：「天父，你不要再往更高的地方去，好給地上光明和溫暖，好嗎？」

上天回答說：「沒有更高的地方了，就到此為止。」

於是，亮晶晶舉起天空，直到它座落在山巔上。

「噢！噢！」天空大叫起來，「好痛！山峰又尖銳，又粗糙的。你真是個無情、殘酷的兒子。」

亮晶晶回答說：「你出現在我的夢裡的時候，你還更高。」亮晶晶又把天空舉得更高。

天抱怨著：「噢！噢！我差不多看不見山峰了！讓我待在粗陋的岩石上吧！」

「在我的夢中，你是遠遠高於岩石上面的。」亮晶晶回答。

當天空被舉到遠離了大地，不再和地相接觸，甚至連山峰都不碰觸了，大地起了一個巨大的變化。她想亮晶晶是很不友善的，就說：「亮晶晶，這只是一個夢。為什麼你非改變天和地不可呢？為什麼不讓他們停留在像你還沒做夢以前的樣子呢？」

「哦！親愛的地母，」他說，「你曾經有一個變化，使你看起來多麼神采奕奕，我希望你能看到再次發生：空中充滿光明、溫暖和芬芳，你自己甚至比你在我的夢中的更美麗，聽！聽那鳥兒的歌聲。看花開在原野各處，甚至覆蓋了粗陋的山峰。如果我讓一切的事物保留在以前的狀況，你會高興嗎？我使你變得比以前更美麗，難道這也是殘酷的嗎？」

在地母能夠回答之前，天父開始抱怨：「你已經在大地上鋪上了一層新的綠色外衣，當然，她是美麗的，她也有美麗的花鳥陪伴，但我在這裡，舉起到遠高於山峰。我沒有披風，也沒有花鳥。亮晶晶，給我一件斗篷吧！」

亮晶晶回答說：「那是我最樂意做的事。」他用深藍色的外衣擴展在柔軟的天空，許多恆星在那裡，發出一閃一閃的亮光。

46 天空和大地的故事

天空說：「在夜晚這是很好的，但是在白天，會顯得太陰暗。」再給我一件白天穿的斗篷。」亮晶晶便在白天用藍色披風披掛在天空，終於天空也變得大地一樣的美麗。

現在天空和大地都心滿意足。天空說：「我不知道，大地會是如此的容光煥發。」而大地說：「我沒想到，天空是如此的美麗。」

天空想：「我要發送一個訊息，告訴大地，她是多麼可愛。」於是，天空落下來溫柔的小小雨點。

大地也想：「我也一樣，我要回送一個消息。」雲要替我帶信。這就是為什麼早晨經常會有光雲從地上升起的原因。那是從美麗的大地送給天空「早安」的訊息。

47 夏天如何來到我們的世界

從前有一個孩子，他已經長大到能用弓箭了，但他從來沒有看到過夏天。他不知道樹上長的葉子是怎樣的，因為他從來沒有見過那樣的東西。至於鳥兒的歌聲，他可能在他的夢中聽見，但是在清醒的時候，從來沒有聽見過。如果有人問，「你喜歡走在柔軟的草地上嗎？」他會回答說，「草是什麼？我從來沒有見過。」

這個男孩從來沒有聽說過夏天的原因，是因為大地從來沒有夏天來臨。遙遠的北方，大地覆蓋著厚厚的冰，甚至從那裡往南走，到這孩子住的地方，地面上仍然大多都是冰天雪地的。

他的父親是捕魚的。他教他的小兒子去打獵，做了一支弓和箭給他，就像他自己的一樣，只是小一點。那個男孩以他的弓箭感到自豪，出去打獵經常是高高興興的。他經常射到猞猁，有幾次，他射到狼獾。偶而，他發現沒有獵物可射擊，就很沮喪，因為他感覺到天氣寒冷。他的手指疼、腳趾痛、鼻子更是疼痛難忍。「哦，只要我能攜帶棚屋裡的火種在身邊！」他哭了，因為除了火，他不知道還有什麼能給他溫暖。

一個偶然的機會，叫阿吉叨陌的一隻松鼠，在一棵大樹上，正在男孩的頭頂上方，這時他聽到了一個喊聲。松鼠丟下了一塊冰在男孩的紅色小鼻子上，男孩開始張弓。當他看出那是阿吉叨陌的時候，他哭了：「阿吉叨陌，你是溫暖的。你沒有冷得發痛的手指，我每天只有兩次是暖和的，一次在早上、一次在晚上。」

阿吉叨陌在樹頂的樹枝輕輕地跳著舞，回答說，「你不知道，我的鼻子是溫暖的，我沒有像你那麼冷的手指，但萬一我遇上了問題，我有一個想法，使它溫暖。」

「什麼想法？」男孩問。

「一個比火更好的想法，」松鼠回答，「你要把你的想法隨身帶著，並且把火留在家裡。猞猁有時會有它的想法，狼獾有時也會有，但松鼠的想法往往是一個男孩的兩倍多。」

可憐的孩子冷得連生氣的力氣都沒有，他懇求道：「阿吉叨陌，如果有什麼保暖的方法，你會不會告訴我？猞猁比你對我更仁慈，我相信狼獾也會告訴我。」

阿吉叨陌很少受凍，但是，當他看到忍受寒冷的男孩，真是為他難過，便說：「那麼你就回家去哭好了。如果你的父親問你，『你為什麼哭呢？』什麼也不要回答，只要『嗚——嗚——嗚——』地哭，然後說：『我要夏天！給我夏天！』」

現在，這個男孩不哭了，但他的手和腳很冷，他想他會照松鼠告訴他的法子去做，就回家去了。當他回到棚屋，就倒地認真地哭起來。他哭得這麼辛苦，他的眼淚成了一條河，經過棚屋的門流了出去。當然，河流很快就冰凍起來，但是當漁人看到了，他知道這是他的小兒子的眼淚。「你哭什麼？」他問，但男孩的回答只是：「嗚——嗚——嗚——給我夏天！我的夏天，父親，我的夏天！」

「夏天……」漁人喃喃地說著，若有所思。「夏天是不容易得到的，但我會找到它，只要我能。」

漁人準備了一個盛宴，邀請了他認為可以幫他找到夏天的動物。水獺、貉猁、獾和金剛狼都來了。它們吃了之後，獵人告訴它們，他希望它們做什麼，它們便開始去找夏天。

它們走了許多天，終於來到一座高山的腳下，天空似乎是就座落在巔峰上。

「夏天在那裡，」獾說，「我們要做的是登上山頂，並把它從天上拿下來。」因此，他們爬、爬、爬，好像永遠爬不到的頂峰。經過很長一段時間以後，他們到了最高峰，但天堂仍在他們之上。

「我們到達不了那裡。」漁人說。

猞猁說：「讓我們試一試。」

「我先來。」水獺說。水獺竄出了他所有的力氣，但它到不了天上就滾下到山的另一邊，就跑回家去了。獾試了，海狸試了，猞猁也試了，但它們沒有一個能飛到天堂。這時，金剛狼說：「讓我試一試，我不願爬上這裡而一無所獲。」漁人看得最熱切，因為他想：「我的孩子在家裡哭，如果我不能為他得到夏天，我該怎麼辦？」

金剛狼一躍，遠超過所有狼獾曾經躍過的高度，他跳躍到沒有任何動物到過的地方，他直接穿過了天堂的地板。當然，那漁人緊跟著，那兒比世上任何人曾經夢想的地方更可愛，他們在夏季的土地，夏天從來沒有來到世上。

柔軟溫暖的風兒透過地板上的小孔，擴散到大地。鳥兒飛下來，愉快地歌唱，今日看見的以及各種花卉，那時以最快的速度，經過小孔傳到地上，因為他們知道在帳篷裡的小男孩渴望夏天到來。

在天上的人，發現夏天被推倒，通過地板上的小洞漏到世上，他們到偉大的神靈那裡去哭訴，並且大聲喊：「把夏天奪回來，把它奪回來！」他們的箭頭射向漁民和狼獾。狼獾通過小孔的下降，但漁人不夠迅速，逃脫不成。

偉大的神靈說，「天上全年有夏天，但世上可以有半年的夏天。我要把地板上的孔關閉，使漁人不能去再回到世上，但我必使他變成了一條魚，永遠留在天上。」

住在北極的原住民，他們仰望天空的時候，看到一條魚和星星，他們說，「這是給了我們美麗的夏日的好漁人。」

48 為什麼月亮的臉是白色的

酋長有一個年輕美麗的女兒。有一天，風對他說，「大酋長，我愛你的女兒，她也愛我。你能不能把她嫁給我做我的妻子呢？」

「不能。」酋長回答說。

第二天，少女自己去對酋長說：「爸爸，我愛風。你讓我去他的小屋，和他住一起，做他的妻子行嗎？」

「不行，我不准。」酋長說，「當風還是個孩子的時候，他經常通過小洞，來到我的帳篷，我一點火，他就把火熄滅。他既不會打仗，也不會打獵，你一定不會是他的妻子。」

酋長把女兒藏在一個濃密的黑雲杉林裡。他想：「在松林，風可能會看見她，但在雲杉小樹林裡，他永遠也不會看見她。」現在，風能隱身，別人都看不見他。酋長說的話，每一字每一句，風在他的身邊都聽進去了。當夜幕降臨，風繞著雲杉林團團轉，直到他發現了一個微小的隙縫，他可以從那裡進去。當他出來的時候，少女與他同在一起。他不敢回到村裡生活，因為他害怕，酋長會來將她帶走，所以他在遙遠的北方建立了一個新的小房屋。他帶了姑娘進小屋，酋長的女兒成了他的妻子。

風和他年輕的妻子都沒想到酋長能找到他們，但酋長尋了又尋，找了又找，最後他來到了他們的小屋。風把他的妻子藏起來，將自己隱身起來，但父親用他的大戰棍，沉重地打擊在風的頭上，風昏了過去。

他醒過來時，發現他的妻子已經走了，他到處尋找她。他瘋狂地在森林中流浪，最後他看見了她與她的父親在大海的獨木舟上。「跟我來。」他喊道。她變得像雪一樣的白，但她看不見風，因為在他的頭受打擊後，他忘記了如何使自己恢復原形，可以被看見。

他生酋長的氣，當他盡所有的力氣，吹著小獨木舟時，「讓它翻倒，」他想，「我可以帶我的妻子到安全的地方。」獨木舟於是翻倒，酋長和他的女兒掉進了水裡。「來吧，親愛的妻子，」風叫道，「我的手在這裡。」他不記得他是隱身的，她看不到他的手。她掉到深水湖底，而酋長也失去了他的生命，因為風並沒有盡力幫助他脫困。

當風發現他的妻子已經走了，他悲傷得變成瘋狂。村裡的人都說：「風從來沒有過吹得如此的淒涼。」

偉大的神靈因酋長的女兒已落入水中喪生而感到遺憾，第二天晚上，他把酋長的女兒帶到星星在的地方，並給了她月亮當作她的家。在那裡，她又活了，但她的臉是白色的，因為她是從獨木舟跌下的。在月光的晚上，她看起來像是在地上尋找風，因為她不知道他是隱身的。風不知道，遠在月亮白色的臉，是他失去的妻子，所以他漫遊穿過森林，在岩石和山嶺間到處流浪，但從來沒想到去月亮尋找她。

49

為什麼人人都喜愛月亮

雷霆和閃電要請客。這是一個非常愉快的宴會，世界上每一個角落，所有可以想像的好東西，都被帶來了。

在盛宴的很多天以前，這些好東西就陸續被送來了。鳥兒飛翔著帶來寒冷的北方和溫暖的南方所能找到的美食。來自東部和西部的魚兒，帶來冷水或溫水中能找到的珍品。至於陸地生長的萬物，更是每天早、晚，捎來沒完沒了的佳餚：松鼠帶來了堅果，烏鴉帶來了玉米，螞蟻帶來了多種甜食。來自波斯、印度和中國的寶貴和罕見食物。蝴蝶和蜂鳥插花，孔雀和黃鸝幫忙美化環境，海浪和小溪提供最迷人的音樂。

雷霆和閃電在談論著要邀請誰，並且他們相問是不是要讓太陽、月亮和風三個都來。這三個都是明星媽媽的孩子。

「明星媽媽一直這麼客氣，我想我們應該邀請她的孩子。」雷霆說。

閃電說：「月亮是迷人的，但太陽和風粗魯又野蠻。如果我是明星媽媽，我會把他們留在角落一整天，除非他們答應要約束自己，有禮貌。」

「我們必須邀請他們，」雷霆說，聽起來很像一個輕聲咆哮，「但如果他們同意離開，那就令人愉快了，月亮是例外。」

所以月亮、太陽和風都被邀請。被邀請的時候，兩兄弟對小妹說：「你年紀太小，不應該去參加盛宴，也許他們邀請的是我們，沒有說幼小的孩子一起帶去。」

「明星媽媽，我想我還是留在家裡好。」月亮含淚說。

「不，小月亮，」明星媽媽回答說，「你和兩個哥哥一起去。」

因此，這三個孩子去宴會，明星媽媽在家等著他們回來。

他們回來的時候，明星媽媽問：「你為我帶回來什麼沒有？」太陽的手中，充滿美好的東西，但他說，「我只帶回來我自己吃的東西，」他在一個角落裡坐了下來，背對其他的人，自個兒吃起東西去了。

「你有沒有為我帶什麼東西？」她問風。

風回答說：「我帶回來了一些好東西，途中，我厭倦了背著他們，所以我吃掉了。」

明星媽媽傷心地說：「我從來沒有想到你會這麼自私，」她問小月亮，「我的女兒，你帶了東西給我嗎？」

「帶了。」小月亮回答說，給了明星媽媽好多在他們的家從未見過的好東西。

明星媽媽稱讚了小女孩。然後，她看著她的兩個兒子，她很傷心，因為她知道他們的自私，必須受到懲罰。「太陽，」她說，「你希望你背對所有的人，應是溫暖的夏天來的時候，所有的人都會背對你，這是對你的懲罰。」對於風，她說，「風，你目中無人，除了你自己。當滂沱大雨，雷電交加時，你因害怕而最先飛逃，不會有人想幫助你，暴風雨時，人人把門關緊。」然後對她的小女兒，她說：「我的小月亮，你無私、體貼。你會永遠光明、美麗。人人愛你，看著你的溫柔、慈祥的臉時，他們讚美你。」

這就是為什麼人人躲避太陽和風，但從來沒有人躲避月亮。

50 為什麼月亮裡有一隻兔子

很久以前發生了許多怪事，其中的一件是：一隻兔子、一隻猴子和一隻狐狸同意住在一起。他們討論了這個計劃很長的一段時間。野兔說：「我承諾幫助猴子和狐狸。」猴子說：「我答應幫助狐狸和野兔。」狐狸說：「我同意幫助野兔和猴子。」他們握手，或者更確切地說，互相搖搖爪子。他們還同意別的事情，那就是：他們絕不殺生。

神靈馬尼托聽到這個計劃，十分高興，但他對自己說：「為了證明我所聽到的是真實的，而且他們善良：不但善待自己；而且善待他人。我要到森林去，看看他們對陌生人的行為是怎樣的。」

馬尼托出現在這三隻動物面前，他們以為他是獵人。「我可以進你的小屋休息嗎？」他問，「我很疲倦。」

三隻動物走向他，「歡迎到我們的小屋。」他們說，「我們同意互相幫助，所以我們會互相幫助，來幫助你。」

馬尼托說：「我已經餓了一整天，但我寧可受到這樣的歡迎，這比食物更值得。」

「但是，如果你餓了，你必須有食物，」這三隻動物說，「在我們的小屋的東西，只要你不嫌棄，你可以拿全部或一部分去吃，但這裡沒有東西是你會喜歡的。」

這個時候，猴子說：「我有一個主意，我到森林裡去，替你找一些吃的。」

猴子回來，他說：「我發現了一棵樹，長有果子，我爬上去，搖了搖，水果就落下了。只有一點點，水果是很稀少的。」

「你自己不吃嗎？」馬尼托問。

「不，」猴子回答說，「我寧願看你吃，我想你比我更餓。」

馬尼托想知道狐狸和野兔的行為，是不是對他也不自私，便說，「我好心的朋友們，水果我很喜歡，但是我還是很餓。」

於是狐狸說：「我到森林裡去，看看我能為你找到什麼。」

當狐狸回來，他說：「我搖搖樹木，但沒有水果落下。我不會爬上樹，我的爪子不適合攀登，但我在地面上尋找，最後一個旅客走了，我發現了一些玉米粒，我給你帶來了。」

馬尼托很快就吃完了玉米粒。他想知道，兔子會不會表現得比其他動物親切，不久之後，他說：「我的好心朋友，玉米粒我很喜歡，但是我還很餓。」

野兔說：「我很樂意到森林裡去尋找食物。」他去了很久，但是他回來時，他沒有帶來食物。

「我餓極了。」馬尼托說。

「陌生人，」兔子說，「如果你在岩石旁邊生火，我可以給你一些食物。」

馬尼托生起了火，兔子說，「現在我將從岩石頂部跳到火裡。我聽說，人吃火烤的肉，我把我自己的肉給你。」

野兔從岩石上跳下，但在火焰能碰到野兔之前，馬尼托的手抓住了野兔，說：「親愛的無私小兔子，猴子和狐狸歡迎我，到森林找東西給我吃，但你做的，是把你自己給我。我接受這個禮物，小兔子，我帶你在我的懷裡一直到月亮，讓每一個在地上的人看到你，聽見你的善良和無私奉獻的故事。」

看到月亮裡有兔子的人，將這故事，告訴他們的孩子。

51 在月亮裡的孩子們

他們完全不知道他們是從哪裡來的，只知道他們住在山上，山上的老人把他們叫做傑克和吉爾。他們有足夠的漿果吃，夜幕降臨時，他們睡在杉木的軟床上。山坡上有各種的動物和這兩個孩子友好相伴。如果不是因為不得不提水的話，一整天盡與地玩，是多麼快活啊！

每當黎明，第一道陽光進入他們的家，便聽到山上老人的聲音：「傑克！吉爾！拿你的水桶去提水。」每當他們與一些動物玩得正高興，便聽到了同樣的叫聲，「拿桶！去提水！」

一個晚上，傑克醒來時，發現並沒有人叫他，就對吉爾說：「吉爾，

我們必須去提水嗎？」

「我想是的。」吉爾睡意朦朧地回答，他們提著桶出去了。

月光瀉下，穿過樹林縫隙照耀著，他們想像，她比以前更近了。有著月亮溫柔的臉龐相視，森林再也不孤寂了。不久，他們覺得比原先更快樂，他們就一起玩小遊戲，跑在樹林之間。

吉爾說：「我們已經灑了一半的水了。」

傑克說，「如果潑灑了一半，還是剩下很多。」

「你想有沒有孩子想玩就玩，不須要去提水的？」

「很多吧，」傑克說。

傑克和吉爾
上山
去提水。

歌聲清晰，似乎近在眼前；歌聲柔細，像是遠在天邊。

傑克開始下跌，並滾下山坡，然後吉爾翻筋斗。至於水，剩下的在傑克翻滾過身一次之前，已潑濺，翻滾兩次的時候，聽到同樣的聲音唱：

傑克摔倒
打破了頭冠，
然後吉爾翻筋斗。

「唱的是說我們。」吉爾叫道。

「我沒有打破什麼頭冠。」傑克說。

「是你的腦門頂。」吉爾說。

「噢！」傑克說，「水到哪裡去了？」

「已經翻倒在山坡了。」同樣的聲音回答說。

「水怎麼翻倒的呢？」吉爾哭了。

「我們跌倒了。」

「水也翻滾過。」聲音回答說，「特別是當它凍結了。」

「噢！」傑克說。

「噢！」吉爾說。

「溪流凍結了！」那個聲音叫。

「什麼溪流？」孩子們異口同聲問。

「流下了山的溪流。」聲音回答，「難道你不知道，你帶來水，來保持溪流的水量？」

「我們真的不知道。」孩子們說。

「山上的老人只是一塊石頭，你以為那是老人的聲音，那只是它周圍的水在流動。」

「噢！」傑克說。

「噢！」吉爾說。

「河流凍結，」那聲音說：「地有冰和雪的外衣。」

「你是誰？」吉爾羞澀地問。

「你真的不知道嗎？這孩子真是奇怪！當然，我是月亮。非常快樂的人和我住在一起，我是來邀請您和我一起回家。你願意來嗎？」

孩子們仰頭穿過樹林，並有月亮的溫柔的臉，看起來比以往更溫柔，善良。「來吧！」她說，他們非常樂意去。他們住在月亮很多年，但他們從來沒有再提過一桶水。「那是雲朵和太陽的工作。」月亮說。

52 為什麼月亮裡有一個人

妻子說：「我的好男人，你到森林撿拾柴木回來吧，明天是星期日，我們沒有柴火了。」

「好，我的好妻子，」丈夫回答說，「我會去森林的。」他去森林，但他坐在長滿青苔的岩石釣魚，直到天黑了，所以他沒有柴木帶回家。「妻子不會知道，」他想，「我明天早晨就去樹林裡，撿集樹枝。」

一清早，天還沒亮，他就悄悄地出了家門到森林裡去。不久，他撿集夠了他背得起，能帶回來的樹枝。當他開始走上返家的路徑，一個嚴厲的聲

音說：「把那些樹枝放下。」他看了右邊，又看左邊，他的身前，和身後，他的頭頂之上，一個人也看不到。

「把這些小樹枝放下來。」那聲音又說。

「拜託，我不敢把它放下。」好丈夫說，嚇得渾身發抖。「這些是當柴燒的，沒有它，我的妻子不能煮晚餐。」

「你不會有晚餐。」那聲音說。

「我的妻子不知道我昨晚沒有撿拾柴火，她會讓我吃晚飯。我可以肯定她會的。」好丈夫說。

「你今天不應該撿拾，」聲音更嚴厲地說，「今天是星期天，把它放下。」

「聲音先生，真的，我不敢了。」好丈夫低聲說；他想他聽到妻子遠遠地在叫，「我的好丈夫，你在哪裡？柴火沒有了。」

「你要放下來，還是要永遠背負呢？」聲音氣憤地說。

「說真的，我不能把它放下，沒有這，我不敢回家，」好丈夫回答說，從頭到腳恐懼與顫抖。「我的妻子會不高興的。」那聲音說：「那就永遠背負。你不重視星期天，你永遠不會有星期天。」

好丈夫猜不到會有什麼事發生，但他覺得自己被舉起來了，上升、上升、上升，和所有的樹枝，直到他在月亮裡。

「你要在這裡待下來，」聲音嚴厲地說，「你不願意守星期日，在這裡，你不必。這是月亮，所以它永遠是月亮的顯耀日（月曜日），也就是星期一，星期一永遠與你同在。每當有人望著天上的月亮，他會說：『看那個背上背著樹枝的人，他被送往月亮，因為他在星期日撿集了柴木。』」

「哦，親愛的，親愛的，」好丈夫哭了，「我的愛妻，你會怎麼說呢？」

53 天上的雙子星

在小房子的前面有一棵松樹，每天晚上，當孩子上床睡覺的時候，一顆明亮的星星出現在樹梢，從窗口探望著經常在一起玩的一對雙生兄妹。

「現在睡覺去。」母親吻他們晚安的時候說。但是這樣一個美麗光輝的東西閃耀在房屋的窗口時，是很難睡得著的。

「你想明星裡面有什麼東西呢？」妹妹問。

「我想，有雛菊和蜜蜂、紫羅蘭、蝴蝶和知更鳥。」哥哥回答說。

「我想，有玫瑰和知更鳥、漿果和蜂鳥。」妹妹說。

「一定有樹木和青草，我相信還有珍珠和鑽石。」

「現在我幾乎可以看到這些東西，」妹妹說，「我希望我們能真正看到，明天讓我們去尋找明星。」

到了早晨，明星走了，但他們說，「這就在松樹的後面，所以它一定是在藍山。」藍山很遠，但看起來很近，這對雙生兄妹以為他們可以在一小時內步行到達。他們走了一整天：他們經過了寂寞的樹林；越過小溪；爬上山坡，仍然找不到在他們的窗口閃耀的明星。走在崎嶇的路上，路長人睏了；睡覺的時候到了，母親總是把他們安放床上，親吻他們說晚安，但現在他們沒有母親，沒有晚安吻，也沒有床。他們在森林裡聽到奇怪的聲音，都嚇壞了。「我累了，」妹妹小聲說，「我害怕熊會來。我希望我們能看到明星。」

天空變得黑暗，這裡，那裡，到處可以看到明星，但都不是他們的明星。他們繼續走，一直到他們不能再往前走了。「我們躺在草地上，」哥哥說，「用葉子蓋著自己睡覺。」

疲倦極了，然而還來不及入睡以前，他們聽到了樹林中，好像是熊的

「呃！呃！」的咆哮聲。他們跳了起來從樹林跑出，才來到山腳下，就看到一個美麗的小湖在眼前。他們再也不害怕了，因為在水中映射著閃亮的東西。兄妹兩人說：「這是我們的明星，落到我們眼前。」他們從來沒有想到仰頭望天空。明星在水中，在他們的近旁，這就讓他們滿足了。但它在召喚他們嗎？他們是這麼認為的。「來，」哥哥叫道，「抓住我的手，我們去明星住的地方。」天空的精靈將他們輕輕地舉起，把他們載在美麗的雲朵上。

一天晚上，父親和母親坐在屋裡，黯然神傷，通過雙生子常看的窗口，他們凝望著天空。「那裡有他們喜歡的明星，」媽媽說，「我經常聽他們說起。它升在屋前的松樹上面。」他們坐在那裡，看著明星。這比以往更明亮，更光芒四射，從中爸爸媽媽看到他們失去孩子的臉。

「哦，也帶我們到天空吧，天空的神靈！」他們哭了起來。神靈聽到他們，第二天晚上明星的身邊多了有另一顆恆星。在那一群的星星當中，有父親和母親，最後他們和孩子都很高興能夠重聚。

54 包火和包風的紙

在日本的一個村子裡有一個男人，他有兩個兒子。兒子們都已長大成家，他們每個都從很遠的村子帶妻子回家來。父親與他的兩個媳婦相處非常愉快融洽，幾個月以來，他們都非常快樂地生活在一起。

有一天，兩個年輕媳婦要求回娘家探望親友。由於兒子和媳婦必須服從父親，所以兩個媳婦問說：「公公，我們已經有很長很長的時間，沒有看到我們的親友了。我們可以不可以回娘家看望他們？」公公回答說：「不可以。」過幾個月以後，他們又問了一遍，他又回答說：「不可以。」他們又問一次，公公認為，「他們對我毫不關心，他們是不是希望離開我，但我有個辦法，我可以很快就知道他們是否喜歡他們的公公。」於是，他對兩個當中年紀較大的那位媳婦說：「你可以去，如果你想的話，但你永遠不可以回來，除非你帶給我能包火的紙。」對年輕的一個，他說：「你可以去，如果你想的話，但你永遠不可以回來，除非你帶給我能包風的紙。」公公想，「現在，我就要看出來了。如果他們關心我，他們會搜尋全國，直到他們找到能包風、包火的紙。」

兩個媳婦很高興地回去看望他們的親友，將近一個月過去了，就忘了要給公公的禮物的事。最後，要回家的時候，為他們必須帶回的東西深感不安，他們問了一位智者，在哪裡可以找到這種奇怪的東西。「包住風、火的紙！」他叫起來，「日本全國沒有這樣的紙。」兩個女人問了一個又一個的智者，每個人都宣稱，「在日本沒有這樣的紙。」她們該怎麼辦？

她們擔心再也看不到她們的家了。因為太難過了，便離開了親友，到森林裡去徘徊了很久。大滴的眼淚無法抑制地流下來。

一個聲音說：「我不容許任何人在我的樹林裡哭，我的樹木不能生長在鹹水中。」

可憐的媳婦傷心得忘卻了害怕，年長的一個說：「我們怎能忍住不哭呢？除非我可以帶給我的公公包火的紙，我永遠不能回家。」年輕的也哭著說：「除非我可以帶回包風的紙，我永遠不能回家。沒有一個智者聽說過有這樣的東西，我們該怎麼辦？」

「紙包火，這是很容易的事，」聲音回答。「這裡有一張紙，現在你們看。」在他們的注視下，世界最奇怪的事情就發生在他們眼前。一個人影也看不到，卻有一張紙出現在地上，而且折疊成一個燈籠。那個聲音說：「現在插一支蠟燭在裡面，你有容納火的紙籠，你還能要求什麼呢？」

年紀較大媳婦是幸運的，但那年輕的仍然是傷心的。現在她看到一團火，可以包在紙張裡，但肯定沒有人可以攜帶風。「啊，親愛的聲音，」她哭著說，「有人把風包在紙裡面嗎？」

「這比攜帶火更容易，」聲音回答，「風不會燒出一個洞，瞧！」

他們熱切地注視著。另一塊紙自己來到他們眼前，躺在地上。上面有一幅畫，是一棵樹，綴滿了開放的白花，兩個少婦站在樹下，摘集盛開的花朵。

「這兩個女人就是你們倆，」那聲音說，「盛開的花朵是給你們帶回去給公公的禮物。」

「但是我不能回家，」年輕的哭著說，「我不會用紙包風。」

「這是紙張，風總是有餘的，為什麼不帶呢？」

「說真的，我不知道怎麼帶。」那個較年輕的女子傷心地回答。

「喔，這樣吧。」那聲音說。紙張自己折疊起來，向上折，向下折，又分，又疊，又開，又合，並在那個淚流滿面的那名年輕女子之前，自己揮舞。「風沒有來到你的臉上嗎？」聲音問，「難道不是風扇帶來的嗎？燈籠用紙包火和風扇用紙包風。」

於是，兩個少婦都很高興地回到夫家，公公也一樣的高興。他也給了她們美麗的禮物、金銀和財寶，他說：「沒有人曾經有過這樣的珍奇的燈籠和風扇，但在我的家裡有兩個比這些東西更珍貴的，那就是我的兩個親愛的媳婦。」

少年文學19　PG1197

為什麼燕子的尾巴會分岔？問印地安人就知道?!

The Book of Nature Myths

——神話故事告訴我們的54堂另類自然課

作者／佛羅倫薩·侯布魯
（Florence Holbrook）
譯者／曹瓅璉
責任編輯／劉　璞
圖文排版／陳彥廷
封面設計／陳佩蓉
出版策劃／秀威少年
製作發行／秀威資訊科技股份有限公司
114 台北市內湖區瑞光路76巷65號1樓
電話：+886-2-2796-3638
傳真：+886-2-2796-1377
服務信箱：service@showwe.com.tw
http://www.showwe.com.tw

郵政劃撥／19563868
戶名：秀威資訊科技股份有限公司
展售門市／國家書店【松江門市】
104 台北市中山區松江路209號1樓
電話：+886-2-2518-0207
傳真：+886-2-2518-0778

網路訂購／秀威網路書店：http://www.bodbooks.com.tw
國家網路書店：http://www.govbooks.com.tw
法律顧問／毛國樑　律師

總經銷／聯寶國際文化事業有限公司
221新北市汐止區康寧街169巷27號8樓
電話：+886-2-2695-4083
傳真：+886-2-2695-4087

出版日期／2014年8月　BOD一版　**定價**／270元
ISBN／978-986-5731-06-9

秀威少年
SHOWWE YOUNG

國家圖書館出版品預行編目

為什麼燕子的尾巴會分岔? 問印地安人就知道?! : 神話故事告訴我們的54堂另類自然課 / 佛羅倫薩. 侯布魯 (Florence Holbrook) 著 ; 曹瓅瓅譯. -- 初版. -- 臺北市 : 秀威少年, 2014.08
面 ;　公分. -- (少年文學 ; 19)
BOD版
譯自 : The book of nature myths
ISBN 978-986-5731-06-9 (平裝)

1. 民間故事　2. 神話　3. 美國

539.552　　103013532

讀者回函卡

感謝您購買本書，為提升服務品質，請填妥以下資料，將讀者回函卡直接寄回或傳真本公司，收到您的寶貴意見後，我們會收藏記錄及檢討，謝謝！如您需要了解本公司最新出版書目、購書優惠或企劃活動，歡迎您上網查詢或下載相關資料：http:// www.showwe.com.tw

您購買的書名：＿＿＿＿＿＿＿＿＿＿＿＿＿＿＿＿＿＿＿＿＿

出生日期：＿＿＿＿年＿＿＿＿月＿＿＿＿日

學歷：□高中（含）以下　□大專　□研究所（含）以上

職業：□製造業　□金融業　□資訊業　□軍警　□傳播業　□自由業

□服務業　□公務員　□教職　□學生　□家管　□其它＿＿＿

購書地點：□網路書店　□實體書店　□書展　□郵購　□贈閱　□其他

您從何得知本書的消息？

□網路書店　□實體書店　□網路搜尋　□電子報　□書訊　□雜誌

□傳播媒體　□親友推薦　□網站推薦　□部落格　□其他＿＿＿＿＿

您對本書的評價：（請填代號　1.非常滿意　2.滿意　3.尚可　4.再改進）

封面設計＿＿　版面編排＿＿　內容＿＿　文／譯筆＿＿　價格＿＿

讀完書後您覺得：

□很有收穫　□有收穫　□收穫不多　□沒收穫

對我們的建議：＿＿＿＿＿＿＿＿＿＿＿＿＿＿＿＿＿＿＿＿＿

＿＿＿＿＿＿＿＿＿＿＿＿＿＿＿＿＿＿＿＿＿＿＿＿＿＿

＿＿＿＿＿＿＿＿＿＿＿＿＿＿＿＿＿＿＿＿＿＿＿＿＿＿

＿＿＿＿＿＿＿＿＿＿＿＿＿＿＿＿＿＿＿＿＿＿＿＿＿＿

請貼
郵票

11466
台北市內湖區瑞光路 76 巷 65 號 1 樓
秀威資訊科技股份有限公司 收
BOD 數位出版事業部

(請沿線對折寄回，謝謝！)

姓　名：__________ 年齡：______ 性別：□女 □男

郵遞區號：□□□□□

地　址：__________

聯絡電話：(日)__________ (夜)__________

E-mail：__________